AF459624

ŒUVRES
COMPLETES
D'HELVÉTIUS.

TOME NEUVIEME.

A PARIS,

DE L'IMPRIMERIE DE P. DIDOT L'AÎNÉ.

L'AN IIIe DE LA RÉPUBLIQUE.

1795.

ŒUVRES COMPLETES D'HELVÉTIUS.

TOME NEUVIEME.

DE L'HOMME,

DE
SES FACULTÉS
INTELLECTUELLES,
ET DE
SON ÉDUCATION.

Honteux de m'ignorer,
Dans mon être, dans moi, je cherche à pénétrer.

VOLTAIRE, Disc. 6
de la nature de l'Homme.

DE L'HOMME,

DE SES FACULTÉS INTELLECTUELLES, ET DE SON ÉDUCATION.

SUITE

DE LA SECTION IV.

Les hommes communément bien organisés sont tous susceptibles du même degré de passion ; leur force inégale est toujours en eux l'effet de la différence des positions où le hasard les place. Le caractere original de chaque homme, comme l'observe Pascal, n'est que le produit de ses premieres habitudes.

CHAPITRE XII.

De la vertu.

Le mot *vertu*, également applicable à la *prudence*, au *courage* (a), à la charité, n'a donc qu'une signification incertaine et vague. Cependant il rappelle toujours à l'esprit l'idée confuse de quelque qualité utile à la société.

Lorsque les qualités de cette espece sont communes au plus grand nombre des citoyens, une nation est heureuse au dedans, redoutable au dehors, et

(a) *Virtus*, dit Cicéron, est un dérivé du mot *vis*. Sa signification naturelle est *fortitudo*. Aussi a-t-il en grec la même racine. Force et courage sont les premieres idées que les hommes purent se former de la vertu.

recommandable à la postérité. La vertu, toujours utile aux hommes, par conséquent toujours respectée, doit, au moins en certains pays, réfléchir pouvoir et considération sur le vertueux. C'est cet amour de la considération qu'il prend en lui pour l'amour de la vertu ; chacun prétend l'aimer pour elle-même. Cette phrase est dans la bouche de tous, et n'est dans le cœur d'aucun. Quel motif détermine l'austere anachorete à jeûner, prendre le cilice et la discipline? l'espoir du bonheur éternel ; il craint l'enfer, et desire le paradis.

Plaisir et douleur, ces principes productifs des vertus monacales, sont aussi les principes des vertus patriotiques. L'espoir des récompenses les fait éclore. Quelque amour désintéressé qu'on affecte pour elles, *sans intérêt d'aimer la vertu, point de vertu*. Pour connoître l'homme à cet égard, il faut l'étudier non dans ses discours mais dans ses actions. Quand je parle, je mets un masque ; quand j'agis, je suis forcé de l'ôter. Ce n'est plus alors sur ce que je dis, c'est sur ce que je fais, que l'on me juge : et l'on me juge bien.

Qui plus que le clergé prêcha l'amour de l'humilité et de la pauvreté ? et qui mieux que l'histoire même du clergé prouve la fausseté de cet amour ? En Baviere, l'électeur, dit-on, a pour l'entretien de ses troupes, de ses justices et de sa cour, moins de revenu que le clergé pour l'entretien de ses prêtres. Cependant en Baviere, comme par-tout ailleurs, le clergé prêche la vertu de pauvreté. C'est donc la pauvreté d'autrui qu'il prêche.

Pour savoir le cas réel qu'on fait de la vertu, supposons-la reléguée près d'un prince dont elle ne puisse attendre ni grace ni faveur. Quel respect à sa cour aura-t-on pour la vertu? aucun ; on n'y peut estimer que la bassesse, l'intrigue, et la cruauté, déguisées sous les noms de *décence*, de *sagesse* et de *fermeté*. Un visir y donne-t-il audience? les grands, prosternés à ses pieds, daigneront à peine jeter un regard sur le mérite. Mais, dira-t-on, l'hommage de ces courtisans est forcé; c'est un effet de leur crainte : soit. L'on rend donc plus à la crainte qu'à la vertu. Ces courtisans, ajoutera-t-on, méprisent l'idole qu'ils encensent. Il n'en est rien : on hait le puissant, on ne le méprise point. Ce n'est pas la colere du géant, c'est celle du pygmée, qu'on dédaigne; son impuissance le rend ridicule. Quelque chose qu'on dise, l'on ne méprise point réellement ce qu'on n'ose mépriser en face. Le mépris secret prouve foiblesse, et celui dont on se targue en pareil cas n'est que la vanterie d'une haine impuissante (35). L'homme en place est le géant moral ; il est toujours honoré. L'hommage rendu à la vertu est passager ; celui qu'on rend à la force est éternel. Dans les forêts c'est le lion et non le cerf qu'on respecte. La force est tout sur la terre. La vertu sans crédit s'y éteint. Si dans les siecles d'oppression elle a quelquefois jeté le plus grand éclat ; si, lorsque Thebes et Rome gémissoient sous la tyrannie, l'intrépide Pélopidas, le vertueux Brutus, naissent et s'arment, c'est que le sceptre étoit encore incertain dans les mains du tyran ; c'est que la vertu pouvoit encore ouvrir un chemin à la grandeur et à la puissance. N'y fraie-t-elle plus de route ? le tyran s'est-il, à la faveur du luxe et de la mollesse, affermi sur le trône? a-t-il plié le peuple à la servitude? il ne naît plus alors de ces vertus sublimes qui, par le bienfait de l'exemple, pourroient être encore si utiles à l'univers. Le germe de l'héroïsme est étouffé.

En orient une vertu mâle seroit folie aux yeux même de ceux qui s'y piquent encore d'honnêteté. Quiconque y plaideroit la cause du peuple y passeroit pour séditieux. Thamas-Kouli-Kan entre dans l'Inde avec son armée; le ravage et la désolation le suivent. Un Indien courageux l'arrête : « Ô Thamas, lui dit-il, es-tu dieu? agis « donc en dieu : es-tu prophete? « conduis-nous dans la voie du salut: « es-tu roi? cesse d'être barbare; que « par toi le peuple soit protégé et non « détruit. Je ne suis point, lui répond « Thamas, un dieu pour agir en

« dieu ; un prophete pour montrer la « voie du salut ; un roi pour rendre « les peuples heureux. Je suis un « homme envoyé dans la colere du « ciel pour visiter les nations (36) ». Le discours de l'Indien fut traité de séditieux (37), et la réponse de Thamas applaudie de l'armée.

S'il est au théâtre un caractere généralement admiré, c'est celui de Léontine. Cependant quelle estime à la cour d'un Phocas auroit-on pour un pareil caractere ? Sa magnanimité effraieroit les favoris ; et le peuple à la longue, toujours l'écho des grands, en condamneroit la noble audace. Vingt-quatre heures de séjour dans une cour d'orient prouvent ce que j'avance. La fortune et le crédit y sont seuls respectés. Comment y aimer la vertu ? Comment la connoître ? Pour s'en former des idées nettes (38), il faut habiter un pays où l'utilité publique soit l'unique mesure du mérite des actions humaines. Ce pays est encore inconnu des géographes. Mais les Européens sont encore bien différents des Asiatiques. S'ils ne sont pas libres, du moins ne sont-ils pas entièrement dégradés par l'esclavage; ils peuvent encore aimer et connoître la vertu.

CHAPITRE XIII.

De la maniere dont la plupart des Européens considerent la vertu.

La plupart des peuples de l'Europe honorent la vertu dans la spéculation; c'est un effet de leur éducation : ils la méprisent dans la pratique; c'est un effet de la forme de leurs gouvernements.

Si l'Européen admire dans l'histoire, applaudit au théâtre, des actions généreuses auxquelles l'Asiatique seroit souvent insensible, c'est, comme je viens de le dire, l'effet de son instruction.

L'étude de l'histoire grecque et romaine en fait partie. A cette lecture, quelle ame encore sans intérêt et sans préjugés ne se sent pas affectée des mêmes sentiments patriotiques qui jadis animoient les anciens héros? L'adolescence ne refuse point son estime à des vertus qui, consacrées par le respect universel, ont été célébrées dans tous les siecles par les écrivains les plus illustres.

Faute de la même instruction, l'Asiatique n'éprouve pas les mêmes sentiments, et ne conçoit pas la même vénération pour les vertus mâles des grands hommes. Si l'Européen les admire sans les imiter, c'est qu'en presque aucun gouvernement ces vertus ne conduisent aux grandes places, et qu'on n'estime réellement que le pouvoir.

Qu'on me présente, dans l'histoire ou sur le théâtre, un grand homme grec, romain, breton, ou scandinave, je l'admirerai; les principes de vertu reçus dans mon enfance m'y forceront. Je me livrerai d'autant plus volontiers à ce sentiment, que je ne me comparerai point à ce héros. Que sa vertu soit forte et la mienne foible, je m'en déguiserai la foiblesse ; je rejetterai sur la différence des lieux, des temps, et des circonstances, celle que je remarque entre lui et moi. Mais si ce grand homme est mon concitoyen, pourquoi ne l'imité-je point dans sa conduite? Sa présence doit humilier mon orgueil. Puis-je m'en venger? je me venge. Je blâme en lui ce que je respecte dans les anciens, j'insulte à ses actions généreuses, je le punis de son mérite, et je méprise du moins hautement en lui son impuissance.

Ma raison, qui juge la vertu des morts, me contraint d'estimer dans la spéculation les héros qui se sont rendus utiles à leur patrie. Le tableau de l'héroïsme ancien produit un respect involontaire dans toute ame qui n'est point encore entièrement dégradée : mais dans mon concitoyen cet héroïsme m'est odieux ; j'éprouve en sa présence deux sentiments contradictoires, l'un d'estime, l'autre d'envie. Soumis à ces deux impulsions différentes, je hais le héros vivant, je dresse un trophée sur sa tombe, et satisfais ainsi mon orgueil et ma raison. Lorsque la vertu est sans crédit, son impuissance me met en droit de la mépriser, et j'en profite. La foiblesse attire l'insulte et le dédain (39).

Pour être honoré de son vivant, il faut être fort (40). Aussi le pouvoir est-il l'unique objet du desir des hommes. Qu'ils aient à choisir entre les forces d'Encelade et les vertus d'Aristide, c'est au don de la force qu'ils accorderont la préférence. De l'aveu de tous les critiques, le caractere d'Énée est plus juste et plus vertueux que celui d'Achille. Pourquoi donc celui du dernier excite-t-il plus d'admiration ? C'est qu'Achille est fort ; c'est qu'on desire encore plus d'être puissant que juste, et qu'on admire toujours ce qu'on voudroit être.

Sous le nom de vertu, c'est toujours le pouvoir et la considération qu'on recherche. Pourquoi exiger au théâtre que la vertu y triomphe toujours du vice? qui fut l'inventeur de cette regle? Le sentiment intérieur et confus qu'on n'aime dans la vertu que la considération qu'elle procure. Les hommes ne sont vraiment jaloux que de commander, et c'est cet amour de la puissance qui fournit au législateur le moyen de les rendre et plus fortunés et plus vertueux.

CHAPITRE XIV.

L'amour du pouvoir est dans l'homme la disposition la plus favorable à la vertu.

Si la vertu étoit en nous l'effet ou d'une organisation particuliere, ou d'une grace de la divinité, il n'y auroit d'honnêtes que les hommes organisés par la nature ou prédestinés par le ciel pour être vertueux. Les lois bonnes ou mauvaises, la forme plus ou moins parfaite des gouvernements, n'auroient que peu d'influence sur les vertus des peuples. Les souverains seroient dans l'impuissance de former de bons citoyens; et l'emploi sublime de législateur seroit, pour ainsi dire, sans fonctions. Qu'on regarde, au contraire, la vertu comme l'effet d'un desir commun à tous (tel est le desir de commander); le législateur pouvant toujours attacher estime, richesse, enfin puissance, sous quelque dénomination que ce soit, à la pratique des vertus, il peut toujours y nécessiter les hommes. Dans une excellente législation, les seuls vicieux seroient les fous. C'est donc toujours à l'absurdité plus ou moins grande des lois qu'il faut en tout pays attribuer la plus ou moins grande stupidité ou méchanceté des citoyens.

Le ciel, en inspirant à tous l'amour du pouvoir, leur a fait le don le plus précieux. Qu'importe que tous les hommes naissent vertueux, si tous naissent susceptibles d'une passion qui peut les rendre tels?

Cette vérité clairement exposée, c'est au législateur, c'est aux magistrats, à découvrir ensuite dans l'amour universel des hommes pour la puissance les moyens d'assurer la vertu des citoyens et le bonheur des peuples.

Jusqu'au desir de la gloire, tout n'est donc dans l'homme qu'un amour déguisé du pouvoir. C'est dans ce dernier amour que se cache encore le principe de l'intolérance.

CHAPITRE XV.

De l'intolérance civile.

L'HOMME naît entouré de peines et de plaisirs. S'il desire l'épée du pouvoir, c'est pour écarter les unes et conquérir les autres. Altéré de puissance, sa soif à cet égard est insatiable. Non content de commander à sa nation, il veut encore commander à ses opinions. Il n'est pas moins jaloux de s'emparer de la raison de ses concitoyens, que le conquérant d'envahir les trésors et les provinces de ses voisins.

Il ne se croit vraiment maître que de ceux dont il s'asservit les esprits. Il emploie à cet effet la force : elle soumet à la longue la raison. Les hommes finissent par croire les opinions qu'on les force de publier. Ce que ne peut le raisonnement, la violence l'exécute.

L'intolérance dans les monarques est toujours l'effet de leur amour pour le pouvoir. Ne pas penser comme eux, c'est mettre une borne à leur autorité; c'est annoncer un pouvoir égal au leur. Quel est en certains pays le crime le plus sévèrement puni? La contradiction. Quel forfait fit en France inventer le supplice oriental de la cage de fer? Quel infortuné y renferma-t-on? Fut-ce le militaire lâche et sans génie qui dirigea mal un siege, défendit mal une place, et qui, par ineptie, jalousie, ou trahison, laissa ravager les provinces qu'il pouvoit couvrir? Fut-ce le ministre qui surchargea le peuple d'impôts (41), et dont les édits furent destructifs du bonheur public? Non.

Le malheureux condamné à ce supplice fut un gazetier de Hollande qui, critiquant peut-être trop amèrement les projets de quelques ministres français (42), fit rire l'Europe à leurs dépens (43). Quel homme, en Espagne, en Italie, fait-on pourrir dans les cachots ? Est-ce le juge qui vend la justice, le gouverneur qui mésuse de son pouvoir? non, mais le colporteur qui vend pour vivre quelques livres où l'on doute de l'humilité et de la pauvreté ecclésiastique. A qui, dans certaines contrées, donne-t-on le nom de mauvais citoyen? Est-ce au frippon qui vole et dissipe la caisse nationale? De tels forfaits, presque toujours impunis, trouvent par-tout des protecteurs. Celui-là seul est mauvais citoyen qui, dans une chanson ou une épigramme, a ri de la fripponnerie ou de la frivolité d'un homme en place (44).

J'ai vu des pays où le disgracié n'est pas celui qui fait le mal, mais celui qui révele son auteur. Met-on le feu à la maison? c'est l'accusateur qu'on châtie, et l'incendiaire qu'on caresse. Dans de tels gouvernements, souvent le plus grand des crimes est l'amour de la patrie, et la résistance aux ordres injustes du puissant. Pourquoi le mérite est-il toujours suspect au ministre inepte? D'où naît sa haine pour les gens de lettres (45)? De ce qu'il les regarde comme autant de fanaux propres à éclairer ses méprises (46).

Sous le nom de fous on attachoit jadis des sages à la personne des princes; et, sous ce nom, il leur étoit quelquefois permis de dire la vérité (47). Ces fous déplurent; leur charge a par-tout été supprimée; et c'est peut-être la seule réforme générale que les souverains aient faite dans leur maison. Ces fous sont les derniers sages qu'on ait soufferts auprès des grands. Veut-on s'en approcher? veut-on leur être agréable? que faire? Parler comme eux, et les fortifier dans leurs erreurs. Ce rôle n'est pas celui d'un homme éclairé, franc, et loyal. Il parle et pense d'après lui. Les grands le savent, et l'en haïssent: ils sentent à cet égard la borne de leur autorité. C'est aux hommes de cette espece qu'il est sur-tout défendu de penser et d'écrire sur les matieres d'administration. Qu'en arrive-t-il? Privés du conseil de gens instruits, les rois sacrifient à la crainte momentanée de la contradiction leur puissance réelle et durable. En effet, si le prince n'est fort que de la force de sa nation, si la nation n'est forte que de la sagesse de son administration, et si les hommes chargés de cette administration sont nécessairement tirés du corps de la nation, il est impossible, dans un gouvernement où l'on persécute l'homme qui pense, où l'on aveugle tous les citoyens, que la nation produise de grands ministres. Le danger de s'instruire y détruit l'instruction, et le peuple gémit sous le sceptre de cette orgueilleuse ignorance qui bientôt précipite dans une ruine commune et le despote et sa nation (48).

CHAPITRE XVI.

L'intolérance est souvent fatale aux princes.

Le pouvoir et le plaisir présents sont souvent destructifs du plaisir et du pouvoir à venir. Pour commander avec plus d'empire, un prince desiret-il des sujets sans idées, sans énergie, sans caractere (49), enfin des automates toujours obéissants à l'impression qu'il leur donne? S'il parvient à les rendre tels, il sera puissant au dedans, foible au dehors; il sera le tyran de ses sujets, et le mépris de ses voisins.

Telle est la position du despote; l'orgueil du moment la lui fit desirer. Il se dit à lui-même : « C'est sur mes « peuples que j'exerce habituellement « mon pouvoir : c'est donc leur rési-« stance et leur contradiction qui, « rappelant plus souvent à ma mé-« moire l'idée de mon impuissance, « me seroit le plus insupportable ». S'il défend en conséquence la pensée à ses sujets, il déclare par cet acte qu'indifférent à la grandeur et à la félicité de sa nation, peu lui importe de mal gouverner, mais beaucoup de gouverner sans contradiction. Or, du moment où le fort a parlé, le foible se tait, s'abrutit, et cesse de penser, parcequ'il ne peut communiquer ses pensées.

Mais, dira-t-on, si l'engourdissement dans lequel la crainte retient les esprits est nuisible à un état, faut-il en conclure que la liberté de penser et d'écrire soit sans inconvénient?

En Perse, dit Chardin, on peut, jusques dans les cafés, parler hautement et censurer impunément le visir; le ministre, qui veut être averti du mal qu'il fait, sait qu'il ne peut l'être que par le cri public. Peut-être en Europe est-il des pays plus barbares que la Perse.

Mais, du moment où le citoyen pourra tout penser, tout écrire, que de livres faits sur des matieres qu'il n'entendra pas ! que de sottises les écrivains ne diront-ils pas ! Tant mieux ; ils en laisseront moins à faire aux visirs. La critique relevera les erreurs de l'auteur, le public s'en moquera ; c'est toute la punition qu'il mérite. Si la législation est une science, sa perfection doit être l'œuvre du temps et de l'expérience. En quelque genre que ce soit, un excellent livre en suppose une infinité de mauvais. Les tragédies de la passion durent précéder celles d'*Héraclius*, de *Phedre*, de *Mahomet*, etc. Que la presse cesse d'être libre (50) ; l'homme en place, non averti de ses fautes, en commettra sans cesse de nouvelles ; il fera presque toutes les sottises que l'écrivain eût dites (51). Or, il importe peu à une nation qu'un auteur dise des sottises ; c'est tant pis pour lui : mais il lui importe beaucoup que le ministre n'en fasse point; c'est tant pis pour elle.

La liberté de la presse n'a rien de contraire à l'intérêt général (52) ; cette liberté est dans un peuple l'aliment de l'émulation. Quels hommes doivent l'entretenir? Les gens en place. Qu'ils veillent d'autant plus soigneusement à sa conservation, qu'une fois éteinte, il est presque impossible de la rallumer. Un peuple déja policé tombe-t-il dans l'abrutissement? quel remede à ce mal? La conquête. Elle seule peut redonner de nouvelles mœurs à ce peuple, et le rendre encore célebre et puissant. C'est le vœu d'un citoyen honnête, d'un homme qui s'intéresse à la gloire de sa nation, qui se croit grand de sa grandeur, et heureux de son bonheur. Le vœu du despote n'est pas le même, parcequ'il ne se confond point avec ses esclaves; parcequ'indifférent à leur gloire comme à leur bonheur, il n'est touché que de leur servile obéissance (53).

Le sultan aveuglément obéi est content ; que d'ailleurs ses sujets soient sans vertus, que l'empire s'affoiblisse, qu'il périsse par la consomption, peu lui importe ; il suffit que la durée de la maladie en cache la véritable cause, et qu'on ne puisse en accuser l'ignorance du médecin. La seule crainte des sultans et de leurs visirs c'est une convulsion subite dans l'empire. Il en est des visirs comme des chirurgiens ; leur unique desir c'est que l'état et le malade n'expirent point entre leurs mains. Que d'ailleurs l'un et l'autre meurent du régime qu'ils prescrivent, leur réputation est sauve ; ils s'en inquietent peu.

On ne demande point au peuple industrie et vertu, mais soumission et argent. Semblable à l'araignée qui sans cesse entoure de nouveaux fils l'insecte dont elle fait sa proie, le sultan, pour dévorer plus tranquillement ses peuples (54), les charge chaque jour de nouvelles chaînes.

Toute remontrance l'importune et l'irrite. C'est l'enfant mal élevé; il mord dans le fruit empoisonné, et bat la mere qui le lui arrache. Quel cas sous son regne fait-on d'un citoyen vrai et courageux? C'est un fou qu'on punit (55). Quel cas fait-on d'un citoyen bas et vil (56)? C'est un sage qu'on récompense. Les sultans veulent être flattés (57); qui peut se refuser à leurs desirs? Qui peut sous un pareil gouvernement s'intéresser vivement au bonheur public? Seroient-ce quelques sages répandus çà et là dans un empire? Leurs lumieres n'éclairent personne; ce sont des lampes dans des tombeaux. Le despote ne se confie qu'à des hommes qui, vieillis dans les antichambres, en ont l'esprit et les mœurs. Ce furent ces flatteurs qui précipiterent les Stuards à leur ruine. « Quelques prélats, dit un écrivain « anglais, s'étant apperçus de la bi« gotte foiblesse de Jacques I, en « profiterent pour lui persuader que la « tranquillité publique dépendoit de « l'uniformité du culte, c'est-à-dire « de certaines cérémonies religieuses. « Jacques le crut, transmit cette opi« nion à ses descendants. Quelles en « furent les suites? L'exil et la ruine « de sa maison. »

« Lorsque le ciel, dit Velleïus Pa« terculus, veut châtier un souve« rain, il lui inspire le goût de la « flatterie (58) et la haine de la con« tradiction. Au même instant l'en« tendement du souverain s'obscur-

« cit ; il fuit la société des sages, « marche dans les ténebres, tombe « dans les abymes, et, selon le pro« verbe latin, passe de la fumée dans « le feu ». Si tels sont les signes de la colere du ciel, contre quel sultan n'est-il pas irrité ?

« De quelle maniere parle-t-on de « moi et de mon gouvernement » ? disoit un empereur de la Chine à Confucius. — « Chacun, répond le « philosophe, se tait ; tous gardent « un morne silence ». — « C'est ce « que je desire », reprend l'empereur. — « Et c'est ce que vous devriez « craindre, réplique le philosophe. « Le malade flatté est abandonné ; « sa fin est prochaine. Il faut révéler « au monarque les défauts de son es« prit comme les maladies de son « corps. Sans cette liberté, l'état et le « prince sont perdus ». Cette réponse déplut à l'empereur. L'intérêt présent de l'orgueil l'emporte presque toujours sur tout intérêt à venir ; et les peuples sont princes en ce point.

CHAPITRE XVII.

La flatterie n'est pas moins agréable aux peuples qu'aux souverains.

Les peuples veulent, comme les rois, être courtisés et flattés. La plupart des orateurs d'Athenes n'étoient que de vils adulateurs de la populace. Prince, nation, particulier (59) ; tout est avide d'éloges. A quoi rapporter ce desir universel ? à l'amour du pouvoir. Qui me loue réveille en moi l'idée de puissance, à laquelle se joint toujours l'idée du bonheur. Qui me contredit rappelle au contraire à mon souvenir l'idée de foiblesse, à laquelle se joint toujours l'idée du malheur. Le desir de la louange est commun à tous : mais trop sensibles à cette louange, les peuples ont quelquefois donné le nom de bons patriotes à leurs plus vils flatteurs. Qu'on vante avec transport les vertus de sa nation, mais qu'on ne soit pas aveugle sur ses vices. L'éleve le plus vraiment aimé n'est par le plus loué. Le véritable ami n'est point adulateur.

Les particuliers ne sont que trop portés à vanter les vertus de leurs concitoyens; ils font cause commune avec eux. Notre adulation pour nos compatriotes n'est point la mesure de notre amour pour la patrie; en général point d'homme qui n'aime sa nation. L'amour des Français est naturel aux Français. Pour devenir mauvais citoyen il faut que, détachant mon intérêt de l'intérêt public, les lois me rendent tel.

L'homme vertueux se reconnoît au desir qu'il a de rendre encore, s'il est possible, ses concitoyens et plus illustres et plus heureux. En Angleterre, les vrais patriotes sont ceux qui s'élevent avec le plus de force contre les abus du gouvernement. En Portugal, à qui donne-t-on ce même titre? à celui qui loue le plus bassement l'homme en place. Et cependant quel citoyen! quel patriote!

C'est à cette connoissance approfondie des motifs de notre amour pour la flatterie et de notre haine pour la contradiction qu'on doit la solution d'une infinité de problêmes moraux inexplicables sans cette connoissance. Pourquoi toute vérité nouvelle est-elle d'abord si mal accueillie? c'est qu'une vérité de cette espece contredit toujours quelque opinion généralement accréditée, prouve la foiblesse ou la fausseté d'une infinité d'esprits, et qu'une infinité de gens par conséquent ont intérêt d'en haïr et d'en persécuter l'auteur.

Le frere Côme perfectionne l'instrument de la taille; il opere d'une maniere nouvelle; cette maniere est à-la-fois moins dangereuse et moins douloureuse. Qu'importe? L'orgueil des chirurgiens fameux en est humilié; ils le persécutent, veulent le bannir de France; ils sollicitent une lettre de cachet, et le hasard veut qu'on la refuse.

L'homme de génie est presque partout plus vivement poursuivi que l'assassin : c'est que l'un n'a que les parents de l'assassiné, et l'autre tous ses concitoyens, pour ennemis.

J'ai vu une dévote demander à-la-fois au ministre la grace d'un voleur et l'emprisonnement d'un janséniste et d'un déiste. Quel motif la détermi-noit? son orgueil. Que m'importe, eût-elle dit volontiers, qu'on vole et qu'on assassine, pourvu que ce ne soit ni moi ni mon confesseur? ce que je veux, c'est qu'on ait de la religion; c'est que le déiste par ses raisonnements ne blesse plus ma vanité.

Nous éclaire-t-on? on nous humilie. Porte-t-on la lumiere au nid des petits hibous? son éclat les importune; ils crient. Les hommes médiocres sont ces petits hibous: qu'on leur présente quelques idées claires et lumineuses, ils crieront qu'elles sont dangereuses, fausses (60) et punissables.

Les idées fortes et grandes sont presque par-tout proscrites; les auteurs qu'on lit sont ceux qui rendent d'une maniere neuve et saillante les idées communes : ils sont loués parce-qu'ils sont peu louables, parcequ'ils ne contredisent personne : la contradiction insupportable à tous l'est surtout aux grands. On connoît la fureur de Charles-Quint contre les luthériens ; cependant lorsqu'après avoir abdiqué l'empire il vivoit dans la retraite : « J'ai, disoit-il alors, trente montres « sur ma table, et pas deux qui mar-« quent au même instant précisément « la même heure (a). Comment donc « imaginer qu'en fait de religion je fe-« rois penser tous les hommes de la mê-« me maniere ? Quels étoient ma folie

(a) Un domestique de Charles-Quint entre étourdiment dans sa cellule, renverse une table, et brise les trente montres posées dessus. Charles se prend à rire : « Plus heureux que moi, dit-il au « domestique, tu trouves enfin le seul « moyen de les mettre d'accord. »

« et mon orgueil » ! Que Charles-Quint n'a-t-il fait plutôt cette réflexion ! que de semences de guerre il eût étouffées ! que de sang humain il eût épargné !

Ce n'est point assez de régner sur un peuple, de commander aux idées de ses concitoyens, on veut encore commander à leurs goûts. M. Rousseau n'aime point la musique française ; son sentiment est d'accord avec celui de toutes les nations de l'Europe : il le déclare dans un ouvrage. Mille voix s'élevent contre lui ; il faut le faire pourrir dans un cachot ; on sollicite une lettre de cachet ; et le ministre, heureusement trop sage pour l'accorder, ne veut point exposer la nation française à ce ridicule.

Point d'attentats auxquels ne se porte l'intolérance humaine. Qui peut l'enchaîner ? une crainte réciproque. Que deux hommes égaux en force different d'opinions, aucun d'eux ne s'insulte, parcequ'on offense rarement celui qu'on croit ne pouvoir impunément offenser.

A quelles causes attribuer entre militaires la politesse des disputes? à la crainte du duel; entre les gens de lettres? à la crainte du ridicule. Nul ne veut être confondu avec les pédants de college.

Des lois séveres peuvent réprimer l'intolérance comme le vol. Que, libre dans mes goûts et mes opinions, la loi me défende d'insulter à ceux d'autrui, mon intolérance enchaînée par les édits du magistrat ne se portera point à des violences; mais que le gouvernement m'affranchisse de la crainte du duel, du ridicule et des lois, mon intolérance non contenue me rendra de nouveau cruel et barbare.

La fureur atroce avec laquelle les différentes sectes religieuses se sont persécutées en est la preuve.

CHAPITRE XVIII.

De l'intolérance religieuse.

Cette espece d'intolérance est la plus dangereuse ; l'amour du pouvoir en est le motif, et la religion le prétexte. Que punit-on dans l'hérétique ou l'impie ? l'homme assez audacieux pour penser d'après lui, pour croire plus à sa raison qu'à celle du prêtre. Ce prétendu vengeur du ciel ne l'est jamais que de son orgueil humilié.

Aux yeux d'un muphti comme à ceux d'un bonze, un incrédule est un impie que doit frapper le feu du ciel : aux yeux du sage, ce n'est qu'un homme qui ne croit pas au conte de ma mere-l'Oie.

Se peut-il que des hommes couverts des haillons de la pénitence et du masque de la charité aient en tous temps été les plus atroces?

En anathématisant le calender ou le derviche, le moine ignore-t-il qu'aux yeux de ce derviche le vrai impie, le vrai scélérat, est ce chrétien, ce pape, ce moine qui ne croit pas à Mahomet? Faut-il qu'éternellement condamnée à la stupidité chaque secte approuve en elle ce qu'elle déteste dans les autres?

Qu'on se rappelle quelquefois la parabole ingénieuse d'un peintre célebre. Transporté, dit-il, en rêve aux portes du paradis, le premier objet qui frappe mes yeux est un vieillard vénérable; à ses clefs, à sa tête chauve, à sa longue barbe, je reconnois saint

Pierre. L'apôtre se tient sur le seuil des portes célestes. Une foule de gens s'avancent vers lui : le premier qui se présente est un papiste. J'ai, lui dit-il, toute ma vie été dévot, et cependant assez honnête homme. Entre donc, répond le saint, et place-toi au banc des catholiques. Vient après un réformé : il lui présente la même requête ; il en reçoit la même réponse : Place-toi, dit le saint, parmi les réformés. Arrivent ensuite des marchands de Smyrne, de Bagdad, de Bassora, etc. ; ils étoient musulmans, avoient toujours été vertueux : et S. Pierre leur fit prendre place parmi les musulmans. Enfin vient un incrédule. Quelle est ta secte ? demanda l'apôtre. D'aucune, monseigneur ; j'ai cependant toujours été honnête. Tu peux entrer ; mais où te mettre ? choisis toi-même : assieds-toi près de ceux qui te paroissent les plus raisonnables.

Plût au ciel qu'éclairé par cette parabole on ne prétendît plus commander aux opinions des autres! Dieu veut que la vérité soit la récompense de l'examen. Les prieres les plus efficaces pour en obtenir la connoissance sont, dit-on, l'étude et l'application. Ô moines stupides, avez-vous jamais fait cette priere?

Qu'est-ce que vérité? Vous l'ignorez, et vous persécutez celui qui, dites-vous, ne la connoît pas; et vous avez canonisé les dragonnades des Cévenes, et vous avez élevé à la dignité de saint un Dominique, un barbare qui fonda le tribunal de l'inquisition, et massacra les Albigeois (61); et, sous Charles IX, vous faisiez aux catholiques un devoir du meurtre des réformés; et, dans ce siecle enfin si éclairé, il est des monstres qui traitent la tolérance de crime et d'indifférence pour la religion, et qui voudroient revoir encore ce jour de sang et de massacre, ce jour affreux de saint-Barthélemi, où l'orgueil sacerdotal se promenoit dans les rues, commandant la mort des Français. Tel le sultan suivi du bourreau parcourt les rues de Constantinople, demandant le sang du chrétien qui porte la culotte rouge. Plus barbares que ce sultan, c'est vous qui distribuez aux chrétiens des glaives pour s'entr'égorger.

Ô religions, si vous n'étiez que ridicules, l'homme d'esprit ne releveroit point vos absurdités (62). S'il s'en fait un devoir, c'est que ces absurdités dans des hommes armés du glaive de l'intolérance (63) sont un des plus cruels fléaux de l'humanité.

CHAPITRE XIX.

L'intolérance et la persécution ne sont pas de commandement divin.

A qui Jésus donna-t-il le nom de race de viperes? fut-ce aux païens, aux esséniens, à ces saducéens (64) qui nioient l'immortalité de l'ame, et même l'existence de Dieu? Non; ce fut aux pharisiens, ce fut aux prêtres juifs.

Faut-il que, par la fureur de leur intolérance, les prêtres catholiques méritent encore ce même nom! A quel titre persécutent-ils un hérétique? L'hérésie est un nom que le puissant donne à des opinions communément vraies, mais contradictoires aux siennes. L'hérésie est locale comme l'orthodoxie. L'hérétique est un homme de la secte non dominante dans la nation où il vit : cet homme, moins protégé, et par conséquent plus foible, peut être impunément insulté, et on l'insulte.

Si les ministres de Neufchatel, accusateurs de M. Rousseau (65), fussent nés Athéniens ou Juifs, ils eussent donc à titre de forts également poursuivi Socrate ou Jésus.

Qui s'éleve avec plus de force que le fils de Dieu contre l'intolérance? Ses apôtres veulent qu'il fasse descendre le feu du ciel sur les Samaritains; il les en reprend aigrement.

Le ciel ne confere à personne le droit de massacrer l'hérétique. Jean n'ordonne point aux chrétiens de s'armer contre les païens (66) : « Aimez-« vous les uns les autres, répete-t-il « sans cesse ; telle est la volonté de

« Dieu. Accomplit-on ce précepte? on « a rempli la loi. »

J'ai ma conscience, ma raison, ma religion, et ne veux avoir ni la conscience, ni la raison, ni la religion du pape. Je ne veux point modeler ma croyance sur celle d'autrui. Chacun répond de son ame ; c'est donc à chacun à examiner :

Ce qu'il croit;

Sur quel motif il croit ;

Quelle est la croyance qui lui paroît la plus raisonnable.

« Quoi ! dit Jean Gerson, chance-« lier de l'université de Paris, le ciel « m'auroit doué d'une ame, d'une « faculté de juger ; et je la soumet-« trois à celle des autres ; et ce seroit « eux qui me guideroient dans ma « maniere de vivre et de mourir ? ».

Mais un homme peut-il préférer sa raison à celle de sa nation? Un tel orgueil est-il légitime? Pourquoi non? Si Jupiter prenoit encore en main les balances avec lesquelles il pesoit jadis les destinées des héros; s'il mettoit dans l'un des plateaux l'opinion d'un Locke, d'un Fontenelle, d'un Bayle, et de l'autre l'opinion des nations italiennes, françaises, espagnoles, etc.; le dernier des plateaux s'éleveroit comme chargé de nul poids. La diversité et l'absurdité des différents cultes prouve le peu de cas qu'on doit faire de l'opinion des peuples. La sagesse divine elle-même parut, dit l'écriture, *Judæis scandalum, gentibus stultitiam;* scandale aux Juifs, folie aux yeux des nations. Je ne dois en fait de religion nul respect à l'opinion d'un peuple; c'est à moi seul que je dois compte de ma croyance. Tout ce qui se rapporte immédiatement à Dieu ne doit avoir pour juge que l'Être suprême. Le magistrat lui-même, uniquement chargé du bonheur temporel des hommes, n'a droit de punir que les crimes commis contre la société. Nul prince, nul prêtre ne peut poursuivre en moi la prétendue faute de ne pas penser comme lui.

Par quel motif la loi défendroit-elle à mon voisin de disposer de mon bien, et lui permettroit-elle de disposer de ma raison et de mon ame? Mon ame est mon bien. C'est de la nature que je tiens le droit de penser et de dire ce que je pense. Lorsque les premiers chrétiens exposerent aux nations et leur croyance et les motifs de cette croyance; lorsqu'ils mirent le gentil à portée de juger entre sa religion et la leur, et de faire usage d'une raison donnée à l'homme pour distinguer le vice de la vertu et le mensonge de la vérité, l'exposition de leur sentiment n'eut sans doute rien de criminel. Dans quel moment les chrétiens mériterent-ils la haine et le mépris des nations? lorsque, brûlant le temple des idoles, ils voulurent par la violence arracher le païen à la religion qu'il croyoit la meilleure. Quel étoit le but de cette violence? La force impose silence à la raison, elle proscrit tel culte rendu à la divinité; mais que peut-elle sur la croyance? Croire suppose des motifs pour croire; la force n'en est point un: or, sans motif on ne croit pas réellement; c'est tout au plus si l'on croit croire (68).

Tout prêtre qui, sous le nom d'ange de paix, excite les hommes à la persécution, n'est donc point, comme on le croit, dupe d'un zele stupide (69) et mal entendu. Ce n'est point à son zele, c'est à son ambition, qu'il obéit.

CHAPITRE XX.

L'intolérance est le fondement de la grandeur du clergé.

La doctrine, la conduite du prêtre, tout prouve son amour pour le pouvoir. Que protege-t-il ? l'ignorance. L'ignorant est crédule ; il fait peu d'usage de sa raison, pense d'après les autres, est facile à tromper, et dupe du plus grossier sophisme (70).

Qu'est-ce que le prêtre persécute? la science. Le savant ne croit pas sans examen, veut voir par ses yeux, est plus difficile à tromper. En Europe, les prêtres se sont élevés contre Galilée ; ils ont excommunié dans Virgile et Scheiner les découvertes que l'un avoit faites des antipodes, et l'autre des taches dans le soleil ; ils ont proscrit dans Bayle la saine logique; dans Descartes l'unique méthode d'apprendre ; ils ont forcé ce philosophe à s'expatrier (71); ils ont jadis accusé tous les grands hommes de magie (72) ; et maintenant que la magie a passé de mode, ils accusent encore d'athéisme et de matérialisme (73) ceux qu'en qualité de sorciers ils eussent jadis fait brûler.

Le soin du prêtre fut toujours d'éloigner la vérité du regard des hommes ; toute lecture instructive leur est interdite : le prêtre s'enferme avec eux dans une chambre obscure, et ne s'y occupe qu'à boucher les crevasses par lesquelles la lumiere pourroit entrer : il hait et haïra toujours le philosophe; il craindra toujours que des hommes éclairés ne renversent un empire fondé sur l'erreur et l'aveuglement.

Un despote d'Asie veut que ses sujets concourent de tout leur pouvoir à ses plaisirs, qu'ils apportent à ses pieds leur hommage et leurs richesses. Les prêtres papistes exigent pareillement l'hommage et les richesses des catholiques. A-t-il fallu pour accroître leur puissance et leurs trésors recourir à la barbarie et à la cruauté ? ils ont été cruels et barbares.

Du moment qu'instruits par l'expérience qu'on rendoit plus à la crainte qu'à l'amour, qu'on présentoit plus d'offrandes à Ariman qu'à Oromaze, au cruel Moloch qu'au doux Jésus, c'est sur la terreur qu'ils ont fondé leur empire : ils ont voulu pouvoir à leur gré brûler le Juif et l'hérétique (74), emprisonner le janséniste et le déiste ; et, malgré l'horreur qu'inspire à toute ame humaine et sensible le tribunal de l'inquisition, ils ont conçu le projet de l'établir. A force d'intrigues ils y parvinrent en Espagne, en Italie, en Portugal, etc.

Plus la maniere de procéder de ce tribunal fut arbitraire, plus il fut redouté. Alors la puissance sacerdotale s'accrut de toutes les frayeurs dont elle frappoit l'imagination des hommes. Le moine, impunément sourd au cri de la compassion, aux larmes de la misere et aux gémissements de la douleur, n'épargna ni la vertu ni les talents. Ce fut par la confiscation des biens, ce fut à l'aide des tortures et des bûchers, qu'il usurpa enfin sur les peuples une autorité supérieure à celle des magistrats, et souvent même à celle des rois.

Un esprit éclairé sait que la violence fait les hypocrites, et la persuasion des chrétiens; qu'un hérétique est un frere qui ne pense pas comme lui sur certains dogmes métaphysiques ; que ce frere privé du don de la foi est à plaindre, non à punir ; et que si nul ne peut croire vrai ce qu'il voit faux, nul pouvoir humain ne peut commander à la croyance. Cependant l'intolérance religieuse fait encore le malheur des nations : l'excessif amour du moine pour le pouvoir produisit son excessive barbarie : cruel par système, le moine l'est encore par son éducation ; foible, hypocrite et poltron par état, tout prêtre catholique doit en général être atroce. Quel corps n'a pas légitimé les actions les plus abominables lorsqu'elles tendoient à l'accroissement de son pouvoir ?

J'ai considéré les diverses religions, et j'ai vu leurs divers sectateurs s'entr'arracher les flambeaux avec lesquels ils vouloient brûler leurs semblables. J'ai vu les diverses superstitions servir de marche-pied à l'orgueil ecclésiastique. Quel est donc, me suis-je dit, le vrai impie? Est-ce l'incrédule? non, mais le fanatique (75) ambitieux; c'est celui qui, persécuteur, assassin de ses freres, enviant à l'exécuteur des vengeances célestes le plaisir de tourmenter les hommes dans les enfers, se présente pour remplir ses abominables fonctions sur la terre; qui, ne voyant qu'un damné dans un incrédule, voudroit par une mort prompte hâter encore sa damnation, et, par une gradation inouie de cruauté, que cet homme, son semblable, fût au même instant arrêté, emprisonné, jugé, maudit, brûlé, et damné.

CHAPITRE XXI.

Impossibilité d'étouffer dans l'homme le sentiment de l'intolérance ; moyen de s'opposer à ses effets.

Le levain de l'intolérance est indéstructible ; il ne s'agit que d'en suspendre le développement et l'action : des lois séveres doivent donc les réprimer comme le vol.

S'agit-il d'un intérêt personnel ? le magistrat en défendant les voies de fait lie les mains de l'intolérance. Pourquoi les lui délie-t-il, lorsque, sous le masque de la religion, cette intolérance peut exercer les plus grandes cruautés ?

Les hommes sont de leur nature intolérants. Quand le soleil de la raison les éclaire un moment, que n'en profitent-ils pour s'enchaîner par des lois sages, et se mettre dans l'heureuse impuissance de se nuire lorsqu'ils seront de nouveau saisis de l'accès d'une rage intolérante?

De bonnes lois peuvent également contenir le dévot furieux et le prêtre perfide. En Angleterre, en Hollande, dans une partie de l'Allemagne, des crimes et des malheurs multipliés ont sur cet objet ouvert enfin les yeux des peuples. Ils sentent que la liberté de penser est de droit náturel; que penser produit le besoin de communiquer ses pensées; et que dans un peuple, comme dans un particulier, l'indifférence est un signe de stupidité.

Qui n'éprouve pas le besoin de penser ne pense pas. Il en est de l'esprit comme du corps: ne fait-on point usage de leurs facultés, on devient impotent de corps et d'esprit. Lorsque l'intolérance a comprimé l'ame des citoyens, lorsqu'elle en a détruit le ressort, alors l'esprit de vertige et d'aveuglement se répand sur une nation.

Le toucher de Midas, disent les poëtes, changeoit tout en or; la tête de Méduse transformoit tout en pierres : l'intolérance transforme pareillement en hypocrites, en fous, en idiots (76), tout ce qui se trouve dans l'atmosphere de sa puissance. C'est elle qui dans l'orient porta ces premiers germes de stupidité qu'y développa depuis le despotisme. C'est l'intolérance qui condamne au mépris de l'univers présent et à venir toutes ces contrées superstitieuses dont les habitants paroissent réellement plutôt appartenir à la classe des brutes qu'à celle des hommes.

Il n'est qu'un cas où la tolérance

puisse devenir funeste à une nation, c'est lorsqu'elle tolere une religion intolérante : telle est la catholique. Cette religion, devenue la plus puissante dans un état, y répandroit encore le sang de ses stupides protecteurs; c'est un serpent qui piqueroit le sein qui l'auroit réchauffé. Que l'Allemagne y soit attentive : ses princes ont intérêt d'embrasser le papisme : il leur offre de grands établissements pour leurs freres, leurs enfants, etc. Ces princes une fois catholiques voudront forcer la croyance de leurs sujets ; et, dussent-ils encore verser le sang humain, ils le feront de nouveau couler. Les flambeaux de la superstition et de l'intolérance fument encore. Un léger souffle peut les rallumer et embraser l'Europe. Où s'arrêteroit l'incendie? je l'ignore. La Hollande seroit-elle sûre de s'y soustraire? Le

Breton lui-même pourroit-il du haut de ses dunes long-temps braver la fureur du catholique? Le fossé des mers est une barriere impuissante contre le fanatisme. Qui l'empêcheroit de prêcher une nouvelle croisade, d'armer l'Europe contre l'Angleterre, d'y prendre terre, et de traiter un jour les Bretons comme il traita jadis les Albigeois?

Que le ton insinuant du catholique n'en impose pas aux protestants. Le même prêtre qui regarde en Prusse l'intolérance comme une abomination et une infraction à la loi naturelle et divine, regarde en France la tolérance comme un crime et une hérésie (77). Qui le rend en ces pays si différent de lui-même? sa foiblesse en Prusse, et sa puissance en France.

Que l'on considere la conduite des chrétiens : d'abord foibles, ce sont des agneaux ; devenus forts, ce sont des tigres.

Instruites par leurs malheurs passés, les nations ne sentiront-elles jamais la nécessité d'enchaîner le fanatisme, et de bannir de toute religion le dogme monstrueux de l'intolérance ? Qui dans ce moment même ébranle le trône de Constantinople et ravage la Pologne ? le fanatisme : c'est lui qui, défendant au catholique polonois d'admettre le dissident au partage de ses privileges, ordonne de préférer la guerre à la tolérance. En vain impute-t-on au seul orgueil des grands les malheurs actuels de ces contrées ; sans la religion les grands n'eussent point armé la nation, et l'impuissance de leur orgueil eût maintenu la paix dans la patrie. Le papisme est l'auteur caché des malheurs de la Pologne.

A Constantinople c'est le fanatisme

musulman qui, couvrant d'opprobre et d'ignominie le chrétien grec, l'arme en secret contre l'empire dont il auroit été le défenseur.

Plût au ciel que ces deux exemples, et présents et frappants, des maux produits par l'intolérance religieuse fussent les derniers de cette espece; et que désormais, indifférents à tous les cultes, les gouvernements jugeassent les hommes sur leurs actions et non sur leur croyance; qu'ils regardassent les vertus et le génie comme les seuls titres à la faveur publique; apprissent que ce n'est point de l'horloger papiste, turc, ou réformé, mais du meilleur, qu'il faut acheter sa montre, et qu'enfin ce n'est point à l'étendue de la croyance mais à celle des talents qu'il faut confier les places!

Tant que le dogme de l'intolérance

subsiste, l'univers moral renferme dans son sein le germe de nouvelles calamités. C'est un volcan demi-éteint, qui, se rallumant un jour avec plus de violence, peut de nouveau porter l'incendie et la désolation.

Telles sont les craintes d'un citoyen qui, sincere ami des hommes, souhaite vivement leur bonheur.

J'ai, je crois, suffisamment prouvé qu'en général toutes les passions factices, et en particulier l'intolérance civile et religieuse, n'étoient dans l'homme qu'un amour déguisé du pouvoir. Les longs détails où m'ont entraîné les preuves de cette vérité auront sans doute fait oublier au lecteur les motifs qui m'ont nécessité à cette discussion. J'ai dû montrer que, dans les hommes, si toutes les passions citées ci-dessus sont factices, tous par conséquent en sont susceptibles. C'est pourrendre encore plus évidente cette vérité que je finis par le tableau généalogique des passions.

CHAPITRE XXII.

Généalogie des passions.

Un principe de vie anime l'homme: ce principe est la sensibilité physique; principe qui produit en lui un sentiment d'amour pour le plaisir et de haine pour la douleur. C'est de ces deux sentiments réunis dans l'homme, et toujours présents à son esprit, que se forme ce qu'on appelle en lui le sentiment de l'amour de soi. Cet amour de soi engendre le desir du bonheur; le desir du bonheur, celui du pouvoir; et c'est ce dernier qui donne à son tour naissance à l'envie, à l'avarice, à l'ambition, et généralement à toutes les passions factices, qui, sous des noms divers, ne sont en nous qu'un amour du pouvoir, déguisé et appliqué aux divers moyens de se le procurer.

Ces moyens ne sont pas toujours les mêmes. Aussi voit-on les hommes, selon les positions où ils se trouvent et le gouvernement sous lequel ils vivent, marcher au pouvoir par la voie ou des richesses, ou de l'intrigue, ou de l'ambition, ou de la gloire, ou des talents, etc., mais y marcher constamment.

Si l'on se rappelle maintenant ce que j'ai dit aux sections II, III et IV de cet ouvrage :

1°. Que tous les hommes ont une égale aptitude à l'esprit;

2°. Que cette égale aptitude est en eux une puissance morte, si elle n'est vivifiée par les passions;

3°. Que la passion de la gloire est celle qui met le plus communément cette puissance en action ;

4°. Que tous en sont susceptibles dans les pays où la gloire conduit au pouvoir :

La conclusion générale que j'en tirerai, c'est que tous les hommes organisés comme le commun d'entre eux peuvent être animés de l'espece de passion propre à les élever aux plus hautes vérités.

La seule objection à laquelle il me reste à répondre est celle-ci : Tous les hommes, dira-t-on, peuvent aimer la gloire (78); mais cette passion peut-elle être portée dans chacun d'eux au degré de force suffisant pour mettre en action l'égale aptitude qu'ils ont à l'esprit ?

Pour résoudre cette question, je suppose que j'ai concentré tout mon bonheur dans la possession de la gloire : alors cette passion, aussi vive que l'amour de moi-même, se confondra nécessairement en moi avec ce sentiment. Il s'agit donc de prouver que le sentiment de l'amour de soi, commun à tous les hommes, est le même dans tous, et qu'il peut du moins les douer tous de l'énergie et de la force d'attention qu'exige l'acquisition des plus grandes idées.

CHAPITRE XXIII.

De la force du sentiment de l'amour de soi.

Le sentiment de l'amour de soi, différemment modifié dans les différents hommes, est essentiellement le même dans tous. Ce sentiment est indépendant de la finesse plus ou moins grande des organes. On peut être sourd, aveugle, bossu, boiteux, et avoir le même desir de sa conservation, la même haine pour la douleur, et le même amour pour le plaisir.

Ni la force, ni la foiblesse du tempérament, ni la perfection des organes, n'augmentent ou ne diminuent en nous la force du sentiment de l'amour de soi. Les femmes n'ont pas moins d'amour pour elles que les hommes, et n'ont cependant pas la même organisation. S'il étoit un moyen de mesurer la force de ce sentiment, ce seroit par sa *constance*, son *unité*, et, si je l'ose dire, par sa présence habituelle. A tous ces égards le sentiment de l'amour de soi est le même dans tous les hommes.

C'est ce sentiment qui tantôt les arme d'un courage opiniâtre comme d'une épée pour triompher des plus grands obstacles, et qui tantôt les doue d'une crainte prudente comme d'un bouclier pour échapper au danger. C'est ce sentiment enfin qui, toujours occupé du bonheur de chaque individu, veille sans cesse à sa conservation. Si l'amour de soi est le même dans tous, tous sont donc susceptibles du même degré de passion, par conséquent du degré propre à mettre en action l'égale aptitude qu'ils ont à l'esprit. Mais j'admets pour un moment que le sentiment de l'amour de soi se fît moins vivement sentir à l'un qu'à l'autre : il est certain que cette différence, non encore apperçue par l'expérience,, seroit par conséquent très petite, et qu'elle n'influeroit en rien sur les esprits.

Un mécanicien ne détourne d'un fleuve que la partie nécessaire à mouvoir les rouages et les machines placés le long de son rivage ; il laisse le surplus des eaux suivre leur cours et se perdre dans des marais. Il ne faut donc pareillement détourner du sentiment total de l'amour de soi que la partie propre à mettre en action l'égale aptitude que tous les hommes ont à l'esprit. Cette partie est moins considérable qu'on ne le pense. Consulte-t-on sur ce point l'expérience? elle nous apprend que la crainte de la férule, du fouet, ou d'une punition encore plus légere, suffit pour douer l'enfant de l'attention qu'exige l'étude et de la lecture et des langues (79). Or, cette espece d'attention est ou la plus ou du moins une des plus pénibles et des plus fatigantes (a).

(a) Si l'étude de leur propre langue paroît en général moins pénible aux enfants

L'expérience nous apprend encore que toutes nos découvertes sont des dons du hasard ; que nous lui devons le premier soupçon de toute vérité nouvelle ; que toutes les vérités de cette espece sont pour ainsi dire saisies sans attention ; que leur découverte par cette raison a toujours été regardée comme une inspiration ; et qu'il n'est point de poëte ni de philosophe à qui l'expression harmonieuse et brillante, claire et précise, de ses pensées n'ait coûté plus de soins et de travail que ses idées les plus heureuses.

que l'étude de la géométrie, c'est que les enfants éprouvent plus habituellement le besoin de parler que celui de comparer ensemble des figures géométriques, et que le besoin senti de l'attention la rend toujours moins désagréable et moins pénible.

D'où il résulte que tous les hommes organisés comme le commun d'entre eux sont susceptibles du degré d'attention requis pour s'élever aux plus hautes vérités, et que dans l'hypothese où le sentiment de l'amour de soi ne fût pas le même dans tous (hypothese sans doute impossible), la petite différence qui se trouveroit à cet égard entre les hommes n'auroit encore aucune influence sur leur esprit.

En effet, qu'on suppose le sentiment de l'amour de soi plus vif dans l'un que dans l'autre ; ce sentiment, comme l'expérience le prouve, n'en seroit pas moins également habituel dans eux. Or, si toute supériorité d'esprit dépend moins d'une attention vive que d'une attention habituelle (a),

(a) Lorsqu'il s'agit d'esprit, le lecteur, pour bien saisir mes idées, doit rappeler à sa mémoire que l'esprit est le produit

il est évident que, dans cette supposition, tous les hommes seroient encore

de l'attention, et l'attention celui d'une passion quelconque, et sur-tout celle de la gloire; qu'en vain le hasard ou l'éducation nous offriroit dans une lecture, une conversation, etc., des objets de la comparaison desquels il pût résulter des idées nouvelles; que ces objets seroient pour nous des semences stériles si l'attention ne les fécondoit, c'est-à-dire si nous n'avions un intérêt, un desir vif, de les comparer, et d'observer les ressemblances et les différences, les convenances et les disconvenances, que ces objets ont entre eux et avec nous.

Si l'on dit souvent du grand homme qu'il est fils du malheur, c'est qu'en général, toujours occupé de s'y soustraire, l'homme est alors forcé de penser et de réfléchir. Il est donc toujours ce que le fait la position où il se trouve. Mais l'adversité est-elle si salutaire qu'on le dit?

doués du degré de passion nécessaire pour mettre en action l'égale aptitude qu'ils ont à l'esprit.

Oui, dans la premiere jeunesse, lorsqu'on peut encore contracter l'habitude de penser et de réfléchir. Cet âge passé, le malheur afflige l'homme, et l'éclaire peu. « L'infortune, dit le proverbe écossois, « est saine à déjeûner, indifférente à dî- « ner, et mortelle à souper ». D'ailleurs l'adversité n'excite souvent en nous qu'une effervescence vive et momentanée, parce-qu'elle est souvent passagere. La passion de la gloire est plus durable, et, par cette raison, la plus propre à produire de grands hommes, et à former de grands talents.

CHAPITRE XXIV.

Des grandes idées, effets de la constance de l'attention.

Un desir violent occasionne souvent un effort d'esprit plus vif que continu. Or l'acquisition des grands talents suppose un travail opiniâtre et un desir de s'instruire encore plus habituel que vif. Quelque occupés que les gens du monde soient de leur fortune et de leurs plaisirs, ils éprouvent par instants des desirs de gloire. Pourquoi ces desirs sont-ils stériles en eux? c'est qu'ils ne sont pas assez durables; c'est à la constance des desirs que sont attachés les grands succès. Si les Agnès trompent toujours les Arnolphes, c'est que le desir de voir leurs amants est en elles toujours plus habituel que le desir de les empêcher ne l'est à leurs surveillants.

Les habitants de Kamschatka, d'une stupidité sans égale à certains égards, sont à d'autres d'une industrie merveilleuse. S'agit-il de se faire des vêtements? leur adresse, dit leur historien, surpasse celle des Européens (a). Pourquoi? c'est qu'ils habitent une des contrées de la terre les plus sujettes aux intempéries de l'air, où par conséquent le besoin d'être vêtu se fait le plus habituellement sentir. Le besoin habituel est toujours

(a) Si les habitants de Kamschatka nous surpassent dans certains arts, ils peuvent nous égaler en tous. Les talents ne sont que la différente application du même esprit à des genres divers.

Qui souleve une livre de plume ou de

industrieux. Eprouve-t-on celui de la considération ? procure-t-elle pouvoir (cet objet commun du desir des hommes) ? on fait tout pour l'obtenir. C'est dans la possession de cette estime qu'on concentre tout son bonheur, et c'est alors que le desir de la gloire s'identifie avec l'amour de nous-mêmes.

Si ce dernier sentiment, comme l'expérience le prouve, est habituellement présent à tous les hommes, il doit donc les douer tous de l'espece d'attention à laquelle est attachée la supériorité de l'esprit.

Tous les hommes organisés comme

laine souleve une livre de fer ou de plomb. La différence apperçue entre l'industrie des habitants de Kamschatka et la nôtre tient donc à la différence des besoins que doivent éprouver, dans des climats différents, des peuples sauvages ou policés.

le commun d'entre eux sont donc susceptibles non seulement de passions, mais encore du degré habituel de passion suffisant pour les élever aux plus grandes idées.

D'où provient l'extrême inégalité des esprits? de ce que personne ne voit précisément (80) les mêmes objets, ne s'est précisément trouvé dans les mêmes positions (81), n'a reçu la même éducation, et de ce qu'enfin le hasard qui préside à notre instruction ne conduit pas tous les hommes à des mines également riches et fécondes.

C'est donc à l'éducation, prise dans toute l'étendue du sens qu'on peut attacher à ce mot, et dans lequel même l'idée du hasard se trouve comprise (a), qu'on peut rapporter l'inégalité des esprits.

(a) Il est à Rome des conservatoires ou

Pour compléter les preuves de cette vérité, il me reste à montrer dans la section suivante les erreurs et contradictions où tombent ceux qui, sur ce même sujet, adoptent des principes différents des miens.

Je prendrai M. Rousseau pour

écoles de musique dont on sort toujours bon musicien, et dans lesquels il se forme tous les ans quelques hommes de génie. On voit aussi à Paris une école des ponts et chaussées dont il ne sort que des gens instruits, parmi lesquels se trouvent quelques hommes supérieurs.

Une excellente éducation peut donc les multiplier dans une nation, et faire du reste des citoyens des gens de sens et d'esprit. Or, ces avantages d'une excellente éducation sont suffisants pour encourager à l'étude d'une science à la perfection de laquelle est en partie attaché le bonheur de l'humanité.

exemple : c'est de tous les auteurs celui qui, dans ses ouvrages, a traité cette question avec le plus d'esprit et d'éloquence.

NOTES.

(1) Quelques uns ont à la guerre regardé l'impétuosité de l'attaque comme le caractere distinctif des Français : mais cette impétuosité n'est point un caractere : elle leur est commune avec les Turcs, et généralement avec toutes les nations non accoutumées à une discipline sévere. Les Français, d'ailleurs, en sont susceptibles. Le roi de Prusse en a dans ses armées, et tous y font l'exercice à la prussienne.

(2) Les mots *loyal* et *poli* ne sont pas synonymes. Un peuple esclave peut être poli : l'habitude de la crainte doit le rendre révérencieux. Un tel peuple est souvent plus civil et toujours moins loyal qu'un peuple libre. Les négociants de tous les pays attestent la loyauté des commerçants anglais. L'homme libre est en général l'homme honnête.

(3) Dans une nation avilie, on ne trouve pas, même parmi ses meilleurs citoyens, des caracteres d'une certaine élévation: des ames nobles et fieres y seroient trop discordantes avec les autres.

(4) Parmi les souverains, quel est le plus loué? Le plus craint et le plus détestable. Mais ce tyran, tant loué de son vivant, est l'exécration de son peuple à sa mort. Il peut être sûr, quelque éloge qu'on lui ait donné, que son nom sera le mépris de la postérité. La mort est la lance d'Ituriel; elle détruit le charme du mensonge et de la flatterie. Ce que la mort opere sur les sultans, la disgrace l'opere sur ses visirs.

(5) Le despote, toujours sans prévoyance contre les ennemis du dehors, pourroit-il se flatter que des peuples habitués à trembler sous le fouet du pouvoir, assez vils pour se laisser lâchement dépouiller de la propriété de leurs biens, de leur vie, et de leur liberté, le défendront contre l'attaque d'un ennemi puis-

sant? Les Romains combattirent quatre cents ans pour subjuguer la libre Italie; et, pour se soumettre la servile Asie, ils ne firent que s'y présenter.

(6) Pour l'intérêt de sa gloire et de sa sûreté, le despote devroit regarder comme amis ces mêmes philosophes qu'il hait, et comme ennemis ces mêmes courtisans qu'il chérit, et qui, vils flatteurs de tous ses vices, l'excitent aux crimes qui préparent sa chûte.

(7) A quel signe distingue-t-on le pouvoir arbitraire du pouvoir légitime? Tous deux font des lois, tous deux infligent le supplice de mort, ou de moindres peines, aux violateurs de ces lois; tous deux emploient la force de la communauté, c'est-à-dire celle de la nation, ou pour maintenir leurs édits, ou pour repousser l'attaque de l'ennemi. Mais ils different, dit Locke, en ceci; c'est que le premier de ces pouvoirs emploie la force publique pour satisfaire des fantaisies et s'asservir ses citoyens; et que le second s'en sert

pour se rendre respectable à ses voisins, pour assurer aux concitoyens la propriété de leurs biens, leur vie, leur liberté, pour accroître leur bonheur. Enfin l'usage de la force nationale pour tout autre objet que l'avantage général est un crime. C'est donc à la différente maniere d'employer la force nationale qu'on peut distinguer le pouvoir arbitraire du pouvoir légitime.

(8) Tel parut le despotisme au vertueux Tullius, sixieme roi de Rome. Il eut le courage de mettre lui-même des bornes à l'autorité royale.

(9) Entre les diverses causes du peu de succès de la France dans la derniere guerre, si l'on compte la jalousie, l'inexpérience des généraux, et leur indifférence pour le bien public, peut-être ne faut-il pas oublier la gangrene de l'imbécillité religieuse qui brouilloit alors beaucoup de têtes à la cour.

(10) L'amour de l'homme pour le pouvoir est tel, qu'en Angleterre même il

n'est presque point de ministre qui ne voulût revêtir son prince du pouvoir arbitraire. L'ivresse d'une grande place fait oublier au ministre qu'accablé lui-même sous le poids du pouvoir qu'il édifie, lui et sa postérité en seront peut-être les premieres victimes.

(11) Le desir du pouvoir est général; et, si pour y parvenir tous les hommes ne s'exposent point aux mêmes dangers, c'est que l'amour de la conservation est dans la plupart d'entre eux en équilibre avec l'amour de la puissance.

(12) En presque tout pays, l'on donne à la force la préférence sur la justice. En France, on met l'avocat à la taille; on en exempte le lieutenant. Pourquoi? C'est que l'un est, jusqu'à un certain point, représentatif de la justice, et l'autre de la force.

(13) Quels sont les ennemis d'un homme célebre? Ses rivaux et presque tous ses contemporains. De qui l'homme illustre est-il loué? De l'étranger. C'est la posté-

rité vivante. L'éloignement des lieux équivaut à celle des temps.

(14) Est-on intérieurement contraint de reconnoître dans un autre plus d'esprit qu'en soi? on le hait, sa présence importune; on veut se venger, s'en défaire; et, pour cet effet, ou on le force à s'expatrier, comme Descartes, Bayle, Maupertuis, etc.; ou on le persécute, comme Montesquieu, Rousseau, etc.

Le mérite réservé donne à-la-fois une disposition au respect et à la haine, et le mérite affable une disposition à l'amour et au mépris. Qui veut être chéri de ce qui l'environne doit se contenter de peu d'estime. L'oubli du mérite en est le pardon. Les grands talents font quelques admirateurs, et peu d'amis. Le vœu secret et général du plus grand nombre, ce n'est pas que l'esprit s'exalte, c'est que la sottise s'étende.

(15) Quel motif fait acheter les feuilles satyriques? La critique qu'on y fait des grands hommes, les louanges qu'on y

donne aux médiocres. On ne changera point à cet égard la nature humaine. Si les Athéniens, dit Plutarque, avancerent si promptement le jeune Cimon aux premieres places, c'étoit pour mortifier Thémistocle. Ils s'ennuyoient d'estimer longtemps le même homme.

(16) En général, les peres honnêtes et peu éclairés voient impatiemment leurs fils fréquenter les hommes de lettres, et donner à leur société la préférence sur toute autre; l'orgueil paternel en est humilié.

(17) Si, comme on le dit, les lettres et la philosophie sont en France sans protecteurs, on peut, sans être prophete, assurer que la génération prochaine y sera sans esprit et sans talents, et que, de tous les arts, ceux de luxe y seront les seuls cultivés.

(18) La violence et la persécution sont en général proportionnées au mérite du persécuté. En tout pays, les hommes illustres ont éprouvé des disgraces: en

Angleterre, il n'y a guere plus de cent cinquante ans qu'on y peut être impunément grand homme.

(19) Peu d'auteurs pensent d'après eux; la plupart font des livres d'après des livres. Cependant qui n'a point une maniere à lui ne doit point s'attendre à l'estime de la postérité.

(20) Jadis, toujours à genoux devant les anciens, quiconque eût en secret préféré le Tasse à Virgile ou à Homere n'en fût jamais convenu. Quel motif néanmoins a-t-on de taire son sentiment lorsqu'on ne le donne pas pour loi? Qui mieux que la diversité des opinions peut éclairer le goût du public?

(21) Le prince et le magistrat redoutent-ils le jugement de la postérité? ils méritent communément son estime; ils sont justes dans leurs édits et leurs sentences. Il en est de même d'un auteur. A-t-il, en écrivant, la postérité présente à son souvenir? sa maniere de composer devient grande. Il découvre des vérités impor-

tantes ; il s'assure de l'estime générale, parcequ'il écrit pour les hommes de tous les siecles et de tous les pays.

(22) Ce libelle théologique, intitulé *Censure de Bélisaire*, fait horreur par la barbarie et la cruauté de ses assertions. Il rappelle toujours à mon esprit ce beau vers de Racine :

Hé quoi! Mathan, d'un prêtre est-ce là le langage?

(23) Les citoyens auxquels on doit le plus de respect sont d'abord ces généraux et ces ministres habiles dont la valeur ou la sagesse assure ou la grandeur ou la félicité des empires. Mais, après ces chefs de guerre ou de justice, quels citoyens sont les plus utiles? Ceux qui perfectionnent les arts et les sciences, dont les découvertes utiles et agréables ou fournissent aux besoins de l'homme, ou l'arrachent à ses ennuis. Pourquoi donc marquer plus de considération à l'homme riche, à l'homme en faveur, qu'au grand géometre, au grand poëte, et au grand philo-

sophe? C'est que notre premier respect est pour un pouvoir à la possession duquel nous joignons toujours l'idée de bonheur et de plaisir.

(24) C'est du moment où les hommes multipliés ont été forcés de cultiver la terre qu'ils ont senti la nécessité d'assurer au cultivateur et sa récolte et la propriété du champ qu'il labouroit. Avant la culture, doit-on s'étonner que le fort crût avoir sur un terrain vague et stérile autant de droit que le premier occupant?

(25) La résistance au puissant est réputée sédition et crime, même dans les pays policés. Quelle preuve plus claire de ce fait que les plaintes d'un négociant anglais portées à la chambre des communes? « Messieurs, dit-il, vous n'imagineriez « jamais les tours perfides que nous font « les Negres. Leur méchanceté est telle, « sur certaines côtes d'Afrique, qu'ils « préferent la mort à l'esclavage. Sont-ils « achetés? ils se poignardent, se jettent « dans des puits: autant de perdu pour

« l'acheteur. Jugez par ce fait de la per-
« versité de cette maudite race. »

(26) Dans quel moment les peuples violent-ils le droit des gens? Lorsqu'ils le peuvent impunément. Rome foible fut équitable et vertueuse: eut-elle conquis la Macédoine? aucune nation ne put lui résister. Rome devenue plus forte cessa d'être juste; ses habitants furent dès lors sans honneur et sans foi. Le puissant est toujours injuste. La justice entre les nations est toujours fondée sur une crainte réciproque; et de là cet axiome politique,

« *Si vis pacem, para bellum.* »

« Veux-tu la paix, sois prêt à la guerre. »

(27) Aristote met le brigandage au nombre des différentes especes de chasse. Solon, entre les diverses professions, compte celle de voleur; il observe seulement qu'il ne faut voler ni ses concitoyens ni les alliés de la république. Rome fut, sous le premier de ses rois, un repaire de brigands. « Les Germains, dit

« César, regardent la dévastation et le « pillage comme le seul exercice conve-« nable à la jeunesse, le seul qui puisse « l'arracher à la paresse, et former des « hommes. »

(28) Il est, dit-on, un droit des gens entre les Anglais, les Français, les Allemands, les Italiens, etc. Je le crois. La crainte des représailles l'établit chez des nations qu'une puissance à-peu-près égale force à se respecter. Sont-elles affranchies de cette crainte? ont-elles affaire à des peuples sauvages? dès ce moment le droit des gens est nul et chimérique à leurs yeux.

(29) On aime, dit-on, la justice : mais les magistrats en sont les organes; et, chargés par état de l'administrer, ils doivent sur-tout protéger l'innocence. La protegent-ils réellement? Une affaire criminelle est, en Espagne et en Angleterre, instruite de deux manieres différentes. Celle où l'on donne un avocat à l'accusé, où l'on fait publiquement son procès, est

sans contredit celle où l'innocence est le plus à l'abri de la corruption et de la partialité des juges ; c'est la meilleure. Pourquoi n'est-elle pas adoptée? pourquoi les magistrats n'en sollicitent-ils pas l'admission ? C'est qu'ils imaginent que plus leurs sentences seront arbitraires, plus ils inspireront de crainte, et plus ils acquerront de pouvoir sur le peuple. L'amour tant vanté de l'équité n'est donc ni naturel ni commun aux hommes. Comment se dire ami de l'humanité, lorsqu'on ne l'est pas même de la justice?

(30) L'idée de bonheur, étroitement liée dans notre mémoire à l'idée de puissance, en peut être difficilement séparée. On respecte jusqu'à l'apparence du pouvoir; c'est à ce sentiment qu'on doit peut-être une certaine admiration pour le suicide : on suppose une grande puissance à qui méprise assez la vie pour se donner la mort. A quelle autre cause, sinon à l'amour du pouvoir, doit-on attribuer l'ex-

cessive haine des femmes sages pour les hommes d'un certain goût? Les Alexandre, les Socrate, les Solon, les Catinat, étoient des héros, des amis fideles, des citoyens honnêtes: on peut donc avec ce certain goût servir utilement et sa famille et sa patrie. D'où vient l'horreur des femmes pour les hommes qui en sont soupçonnés? C'est qu'elles ont sur eux peu de puissance: ce défaut de pouvoir leur est insupportable; ce sont autant d'esclaves de moins dans leur empire. Ils sont donc coupables d'un crime que la mort seule peut expier.

(31) C'est la force qui rend un monarque respectable à un monarque. Philippe II travaille à son bureau; il se sent un besoin; il appelle, personne ne vient; son bouffon se met à rire. « De quoi ris-« tu? dit le roi ». — « Du respect, de « l'estime, et de la crainte que vous « inspirez à l'Europe, et du mépris qu'elle « auroit pour vous si vous cessiez d'être « fort, et que vos autres sujets ne vous

« servissent pas mieux que vos domes-
« tiques. »

(32) L'enthousiasme de l'équité se fait rarement sentir aux princes; peu d'entre eux sont animés du noble amour de l'humanité. Dans l'antiquité, le seul Gélon en fournit un exemple. Il a horreur des sacrifices humains, il porte la guerre en Afrique, et contraint les Carthaginois vaincus d'abolir ces détestables sacrifices.

(33) Est-il, comme on le dit, des hommes qui sacrifient leur intérêt le plus cher à celui de la justice? Non; mais il en est qui n'ont rien de plus cher que la justice. Ce sentiment généreux est en eux l'effet d'une excellente éducation. Quel moyen de le graver dans toutes les ames? En leur présentant d'une part l'homme injuste comme avili, méprisé, et par conséquent comme foible; et de l'autre l'homme juste comme estimé, et par conséquent comme fort.

Les idées de justice se sont-elles par

ce moyen liées dans la mémoire aux idées de pouvoir et de bonheur? elles se confondent et n'en forment plus qu'une. Prend-on l'habitude de se les rappeler ensemble? bientôt il n'est plus possible de les séparer. Cette habitude une fois contractée, on met de l'orgueil à se montrer toujours juste et vertueux; et rien alors qu'on ne sacrifie à ce noble orgueil.

(34) Dans le gouvernement féodal, quels sont les tyrans du peuple? Les seigneurs.

(35) En Angleterre, si la mal-honnêteté est dans un grand méprisée des petits, c'est que ces petits, protégés par la loi, n'ont rien à en redouter. Dans tout autre pays, si le vice du grand est au contraire respecté, c'est qu'en lui le vice est armé de puissance, et qu'on peut abhorrer et non mépriser la puissance.

(36) Attila, comme Thamas, se glorifioit d'être le fléau de l'Éternel.

(37) Séditieux et rebelle sont les noms

injurieux que l'oppresseur puissant donne au foible opprimé.

(38) Dans tout empire où les volontés momentanées du prince font loi, toutes les lois sont contradictoires ; et l'on n'apperçoit des principes moraux ni dans ceux qui gouvernent ni dans ceux qui sont gouvernés.

(39) Le mépris est le partage de la foiblesse. Cette vérité est peut-être la seule qui ne soit ignorée d'aucun prince. Un souverain perd-il une province, une ville? il est méprisable à ses propres yeux. Enleve-t-il injustement cette ville ou cette province à son voisin? il s'en croit plus estimable. Il a toujours vu l'injustice honorée dans le puissant, et l'univers se taire devant la force.

(40) Le fort et le méchant, dit un poëte anglais, ne redoute qu'un plus fort et plus méchant que lui. Mais le juste et le vertueux doit redouter tous les hommes : il a tous ses concitoyens pour persécuteurs ; jusqu'à ses amis, tout l'attaque.

Sa vertu les affranchit de la crainte de sa vengeance; son humanité équivaut en lui à foiblesse; et, dans un gouvernement vicieux, le bon et le foible sont nés victimes du méchant et du fort.

(41) Un milord débarque en Italie, parcourt les campagnes de Rome, et s'embarque brusquement pour l'Angleterre. « Pourquoi, lui dit-on, quittez-vous « ce beau pays? » — « Je n'y puis, ré« pond-il, soutenir plus long-temps le « spectacle du malheur des paysans ro« mains; leur misere me déchire: ils « n'ont plus face humaine. ». Ce seigneur exagéroit peut-être, mais il ne mentoit pas.

(42) Le meurtre de Clitus fut la honte d'Alexandre, et le supplice du gazetier hollandais celle du ministere français. Le crime de ces deux infortunés fut le même: tous deux eurent l'imprudence d'être vrais. On s'indigna dans le siecle dernier du traitement fait au gazetier. Il est des siecles encore plus vils, où le supplice

de l'homme vrai trouveroit des approbateurs.

(43) S'attendrit-on sur le sort de ce gazetier? compare-t-on le crime au châtiment? on se croit transporté chez ce sultan des Indes qui fait pendre son visir pour avoir mis trois grains de poivre dans une tarte à la crême. Peu s'en est fallu que l'illustre et malheureux M. de la Chalotais n'ait subi le même sort pour avoir pareillement mis trois grains de sel dans une lettre écrite, dit-on, à un contrôleur-général.

(44) En France, pourquoi n'oseroit-on mettre la frivolité des grands sur la scene? C'est que des comédies de cette espece opéreroient peu de conversions. Un poëte qui, par un tableau ridicule et saillant de la frivolité, se flatteroit de corriger les mœurs françaises, se tromperoit: on ne remplit point le tonneau des Danaïdes.

(45) Ce n'est point à son génie, c'est toujours à quelque évènement particulier,

que l'homme de talents doit la protection de l'ignorant. Si la laideur cherche la compagnie des aveugles, l'ignorant fuit celle des clairvoyants.

(46) Le visir inepte voit toujours de mauvais œil l'homme qui voyage chez des peuples et des princes éclairés; il craint qu'au retour le voyageur ne le méprise.

(47) C'étoit jadis le privilege des fous de dire quelquefois la vérité aux princes; mais encore avec quelle précaution, et dans quel moment! Imitons, disoit l'un d'eux, la prudence des chats: ils ne se croient point en sûreté dans un appartement qu'ils n'en aient auparavant flairé tous les coins.

(48) C'est à la liberté dont jouissent encore les Anglais et les Hollandais que l'Europe doit le peu qui lui en reste. Sans eux presque aucune nation qui ne gémît sous le joug de l'ignorance et du despotisme. Tout homme vertueux, tout bon citoyen doit donc

s'intéresser à la liberté de ces deux peuples.

(49) Ce n'est qu'à des automates que le despotisme commande; on n'a de caractere que dans les pays libres. Les Anglais en ont un; les Orientaux n'en ont point.

(50) Le gouvernement défend-il d'imprimer sur les matieres d'administration? il fait vœu d'aveuglement, et ce vœu est assez commun. « Tant que mes finances « seront bien régies, et mes armées bien « disciplinées, disoit un grand prince, « écrira qui voudra contre ma discipline « et mon administration. Mais, si je né-« gligeois l'un ou l'autre, qui sait si je « n'aurois pas la foiblesse d'imposer si-« lence aux écrivains? »

(51) Entre-t-on au ministere? ce n'est plus le temps de se faire des principes, mais de les appliquer. Emporté par le courant des affaires, ce qu'on apprend alors ne sont que des détails toujours ignorés de quiconque n'est point en place.

(52) Gêner la presse, c'est insulter une nation; lui défendre la lecture de certains livres, c'est la déclarer esclave ou imbécille.

(53) L'âge où l'on parvient aux grandes places est souvent celui où l'attention devient le plus pénible. A cet âge, qui me contraint d'étudier est mon ennemi. Je veux bien pardonner aux poëtes leurs beaux vers; je puis les lire sans attention: mais je ne pardonne point au moraliste ses bons raisonnements. L'importance des sujets qu'il traite m'oblige de réfléchir. Combat-il mes préjugés? il blesse mon orgueil; il m'arrache d'ailleurs à ma paresse, il me force à penser, et toute contrainte produit haine.

(54) Le terrain du despotisme est fécond en misere comme en monstres. Le despotisme est un luxe de pouvoir inutile au bonheur du souverain.

Que sont les grands de l'Europe? Des hommes qui joignent à la qualité d'esclaves celle d'oppresseurs des peuples;

des citoyens que la loi même ne peut protéger contre l'homme en place. Un grand n'est en Portugal propriétaire ni de sa vie, ni de ses biens, ni de sa liberté. C'est un Negre domestique qui, fouetté par l'ordre immédiat du maître, méprise le Negre de l'habitation fouetté par l'ordre de l'intendant. Voilà, dans presque toutes les cours de l'Europe, l'unique différence sensible entre l'humble bourgeois et l'orgueilleux grand seigneur.

(55) Il faut ou ramper, ou s'éloigner de la cour. Qui ne peut vivre que de ses graces doit être vil, ou mourir de faim. Peu d'hommes prennent ce dernier parti.

(56) Le feu roi de Prusse, à souper avec l'ambassadeur d'Angleterre, lui demande ce qu'il pense des princes. « En « général, répond-il, ce sont de mauvais « sujets. Ils sont ignorants, ils sont per- « dus par la flatterie. La seule chose à « laquelle ils réussissent, c'est à monter « à cheval : aussi, de tous ceux qui les

« approchent, le cheval est le seul qui ne « les flatte point, et qui leur casse le cou « s'ils le gouvernent mal. »

(57) Plus un gouvernement est despotique, plus les âmes y sont avilies et dégradées, plus on s'y vante d'aimer son tyran. Les esclaves bénissent à Maroc leur sort et leur prince lorsqu'il daigne lui-même leur couper le cou.

(58) Les souverains corrompus par la flatterie sont des enfants gâtés. Habitués à commander à des esclaves, ils ont souvent voulu conserver le même ton avec leurs égaux, et en ont été quelquefois punis par la perte d'une partie de leurs états. C'est le châtiment que les Romains infligerent à Tigrane, à Antiochus, etc., lorsque ces despotes oserent s'égaler à des peuples libres.

(59) Est-on riche? on veut être loué comme riche. A-t-on de la naissance? on veut être loué comme gentilhomme. Est-on bien fait? on veut être loué pour sa taille. En fait de louange, on n'est

point difficile, on s'accommode de tout.

(60) L'homme de génie pense d'après lui ; ses opinions sont quelquefois contraires aux opinions reçues : il blesse donc la vanité du grand nombre. Pour n'offenser personne, il ne faut avoir que les idées de tout le monde. On est alors sans génie et sans ennemi.

(61) Les Albigeois furent traités comme les Vaudois. On n'imagine point l'excès auquel se porta contre eux la fureur de l'intolérance. Le tableau effrayant des barbaries exercées contre les Vaudois nous est conservé par Samuël Morland, ambassadeur d'Angleterre en Savoie, et pour lors résidant sur les lieux mêmes. « Jamais, dit-il, les chrétiens n'ont commis tant de cruautés contre les chrétiens. L'on coupoit la tête aux barbes (c'étoient les pasteurs de ces peuples); on les faisoit bouillir, on les mangeoit; on fendoit avec des cailloux le ventre des femmes jusqu'au nombril; on coupoit à d'autres les mamelles, on les

« faisoit cuire sur le feu, et on les man-
« geoit ; on mettoit à d'autres le feu aux
« parties honteuses, on les leur brisoit,
« et l'on mettoit en place des charbons
« ardents; on arrachoit à d'autres les on-
« gles avec des pinces; on attachoit des
« hommes demi-morts à la queue des che-
« vaux, et on les traînoit en cet état
« à travers les rochers. Le moindre de
« leurs supplices étoit d'être précipités
« d'un mont escarpé, d'où ils tomboient
« souvent sur des arbres auxquels ils res-
« toient attachés, et sur lesquels ils pé-
« rissoient de faim, de froid, ou de
« blessures. On en hachoit en mille pie-
« ces, et l'on semoit leurs membres et
« leurs chairs meurtris dans les cam-
« pagnes : on empaloit les vierges par
« les parties naturelles; on les portoit
« en cette posture en guise d'étendards.
« On traîna, entre autres, un jeune
« homme nommé Pélanchion par les
« rues de Lucerne, semées par-tout de
« cailloux pointus. Si la douleur lui fai-

« soit lever la tête ou les mains, on les « lui assommoit. Enfin on lui coupa « les parties honteuses, qu'on lui en- « fonça dans la gorge, et on l'étouffa « ainsi; ensuite on lui coupa la tête, et « l'on jeta le tronc sur le rivage. Les « catholiques déchiroient de leurs mains « les enfants qu'ils arrachoient au ber- « ceau; ils faisoient rôtir les petites filles « toutes vives, leur coupoient les ma- « melles, et les mangeoient; ils cou- « poient à d'autres le nez, les oreilles, « et les autres parties du corps; ils rem- « plissoient la bouche de quelques uns « de poudre à canon, et y mettoient le « feu; ils en écorchoient tout vifs; ils « en tendoient la peau devant les fenêtres « de Lucerne; ils arrachoient la cervelle « à d'autres, qu'ils faisoient rôtir et « bouillir pour en manger. Les moindres « supplices étoient de leur arracher le « cœur, de les brûler vifs, de leur cou- « per le visage, de les mettre en mille « morceaux, et de les noyer. Mais ils se

« montrerent vrais catholiques et dignes « romains quand ils allumerent un four « à Garcigliane, dans lequel ils forcerent « onze Vaudois à se jeter les uns après « les autres dans les flammes, jusqu'au « dernier, que ces meurtriers y jeterent « eux-mêmes. On ne voyoit dans toutes « les vallées que des corps morts ou « mourants; les neiges des Alpes étoient « teintes de sang: l'on trouvoit ici une « tête coupée, là un tronc, des jambes, « des bras, des entrailles déchirées, et « un cœur palpitant. »

Quel prétendu crime punissoit-on dans les Vaudois avec tant de barbarie? Celui, disoit-on, de la rebellion. Ce qu'on leur reprochoit, c'étoit de n'avoir point abandonné leur demeure et le lieu de leur naissance au premier ordre de Gastalde et du pape; de ne s'être point exilés d'un pays qu'ils possédoient depuis quinze cents ans, et dans lequel ils avoient toujours librement exercé leur culte. C'est ainsi que la douce religion catholique, ses doux ministres, et ses doux saints, ont toujours traité les hommes. Que feroient de plus les apôtres du diable?

(62) On ne porte point sur les religions l'œil attentif de l'examen sans concevoir le dernier mépris pour l'espece humaine en général, et pour soi-même en particulier. Quoi! se dit-on, il a fallu des milliers d'années pour désabuser des hommes aussi spirituels que moi des contes du paganisme! Quoi! les Juifs et les guebres conservent encore leurs erreurs! Quoi! les musulmans croient encore à Mahomet, et seront peut-être des milliers d'années à reconnoître la fausseté du *Koran!* Il faut donc que l'homme soit un animal bien imbécille et bien crédule, et qu'enfin notre planete, comme l'a dit un sage, soit le Bedlam ou les Petites-Maisons de l'univers.

(63) Pourquoi le prêtre est-il assez généralement aimé en Angleterre? C'est qu'il est tolérant; c'est que la loi lui lie les mains; qu'il ne nuit et ne peut nuire

à personne ; c'est que l'entretien du clergé anglais est moins à charge à l'état que celui du clergé catholique ; et qu'enfin, en ce pays, la religion n'est proprement qu'une opinion philosophique.

(64) Les saducéens étoient regardés comme les plus vertueux d'entre les Juifs. En hébreu le mot *saduc* est synonyme de *juste*. Aussi ces saducéens étoient-ils et devoient-ils être moins haïs de Dieu que les pharisiens : ces derniers demandoient la mort et le sang de Jésus-Christ. Or, l'incrédulité est et sera toujours moins contraire à l'esprit de l'évangile que l'inhumanité et le déicide.

(65) A la honte de la France, M. Rousseau n'a pas moins été persécuté à Paris qu'à Neuchatel. Les sorbonnistes ne pouvoient lui pardonner son *Dialogue du Raisonneur et de l'Inspiré*. Mais les raisonnements de M. Rousseau étoient vrais, ou ils étoient faux. Réfuter par la force de bons raisonnements, c'est injustice ; en réfuter de faux par la violence, c'est fo-

lie ; c'est avouer sa stupidité ; c'est décrier sa propre cause. Les sophismes se réfutent d'eux-mêmes ; la vérité est facile à défendre.

(66) Cassiodore pensoit comme S. Jean. « La religion, dit-il, ne peut être commandée ; la force fait des hypocrites, « et non des croyants : *Religio imperari « non potest, quia nemo cogitur ut « credat.* La foi, dit S. Bernard, doit « être persuadée, et non ordonnée : *Fi-« des suadenda, non imperanda.* Rien « de plus volontaire, dit Lactance, que « la religion ; elle est nulle dans celui au-« quel elle répugne : *Nihil est tam vo-« luntarium quam religio, in qua si « animus aversus est, jam sublata, « jam nulla est.* Rien de moins religieux, « dit Tertullien, que de vouloir contrain-« dre la croyance ; ce n'est point par la « violence, c'est librement, qu'on peut « croire : *Non est religionis religionem « cogere velle, cum sponte suscipi « debeat, non vi.* »

(67) Les païens, dira-t-on, croyoient à des prêtres imposteurs. Soit : cette croyance donnoit-elle droit de les persécuter ? Mille gens croient au charlatan, à la bonne femme, de préférence au médecin : ce dernier peut-il demander la mort des incrédules en médecine? Dans les maladies corporelles comme spirituelles, c'est à chacun à choisir son médecin.

(68) Souvent, dit M. Lambert de Prusse dans son *Novum Organum*, on croit penser et croire plus qu'on ne pense et qu'on ne croit réellement. C'est la source de mille erreurs. Un homme s'abstient-il, par exemple, de la lecture des livres défendus ? c'est un homme qui croit croire, et qui soupçonne en secret la fausseté de sa croyance; c'est le plaideur de mauvaise foi qui n'ose lire le factum de sa partie adverse.

(69) Les pilotes du vaisseau de la superstition sont éclairés; quant aux matelots, la plupart sont imbécilles. Le clergé gouvernant exige peu de lumieres du clergé

gouverné; et l'on n'a sur ce point rien à reprocher à ce dernier. « A quoi s'occupe « votre frere le prêtre? demandoit-on « un jour à Fontenelle ». — « Le matin, « répond le philosophe, il dit la messe; « et le soir il ne sait ce qu'il dit. »

(70) Rien de plus absurdement subtil, disent les Anglais, que les arguments des théologiens pour prouver aux ignorants catholiques la vérité du papisme. Ces arguments démontreroient également la vérité du *Koran*, celle des *Mille et une Nuits*, et du conte de *Ma mere l'Oie*.

(71) Descartes persécuté quitte la France, emportant, comme Énée, ses pénates avec lui, c'est-à-dire l'estime et les regrets des gens éclairés. Le parlement, alors aristotélicien, rend arrêt contre les cartésiens; leur doctrine y est condamnée comme l'a depuis été celle de l'*Encyclopédie*, de *l'Esprit*, et d'*Émile*; rien de différent dans ces divers arrêts que leur date. Or, les parlements actuels se moquent du premier; les parlements

futurs riront pareillement des derniers.

(72) Voyez l'*Apologie des grands hommes accusés de magie*, par Naudé. L'auteur s'y croit obligé de prouver qu'Homere, Virgile, Zoroastre, Orphée, Démocrite, Salomon, le pape Silvestre, Empédocle, Apollonius, Agrippa, Albert le grand, Paracelse, etc., n'ont jamais été sorciers.

(73) Les théologiens ont tant abusé du mot *matérialiste*, dont ils n'ont jamais pu donner d'idées nettes, qu'enfin ce mot est devenu synonyme d'esprit éclairé. On désigne maintenant par ce nom les écrivains célebres dont les ouvrages sont avidement lus.

(74) De quelles imputations odieuses les catholiques n'ont-ils pas chargé les réformés! Que de ruses employées par les moines pour irriter les princes contre des sujets fideles! Que d'art pour ne faire voir en eux que des rebelles qui, la rage dans le cœur et les armes à la main, sont toujours prêts d'escalader le trône! Toutes

les différentes sectes du christianisme sont aujourd'hui tolérées en Hollande, en Angleterre, et en Allemagne. Quels troubles y excitent-elles? La paix dans cet empire s'est établie à la suite de la tolérance, et s'y maintiendra sans doute tant que le magistrat y saura contenir l'ambition ecclésiastique.

(75) Rien de moins déterminé que la signification de ce mot *impie*, auquel on attache si souvent une idée vague et confuse de scélératesse. Entend-on par ce mot un athée? donne-t-on ce nom à celui qui n'a que des idées obscures de la divinité? en ce sens tout le monde est athée; car personne ne comprend l'incompréhensible. Applique-t-on ce nom aux soi-disant matérialistes? mais, si l'on n'a point encore d'idées nettes et completes de la matiere, on n'a point en ce sens d'idées nettes et completes de l'impie matérialiste. Traitera-t-on d'athées ceux qui n'ont pas de Dieu la même idée que les catholiques? il faudra donc appeler de ce nom les païens,

les hérétiques, et les infideles. En ce dernier sens, athée n'est plus synonyme de scélérat; il désigne un homme qui, sur certains points de métaphysique ou de théologie, ne pense pas comme le moine et la Sorbonne. Pour que ce mot d'athée ou d'impie rappelle à l'esprit quelque idée de scélératesse, à qui l'appliquer? Aux persécuteurs.

(76) Durant la derniere guerre, cent caillettes, d'après leurs confesseurs, accusoient les encyclopédistes du dérangement de nos finances; et Dieu sait si aucun des encyclopédistes avoit été chargé de leur administration. D'autres reprochoient aux philosophes le peu d'amour des colonels pour la gloire; et ces mêmes philosophes étoient alors exposés à une persécution que le seul amour de la gloire et du bien public peut supporter. D'autres rapportoient à la publication de l'Encyclopédie, aux progrès de l'esprit philosophique, les défaites des Français; et c'étoit alors le roi très philosophe de

Prusse, et le peuple très philosophe des Anglais, qui battoient par-tout leurs armées. La philosophie étoit le baudet de la fable; elle avoit fait tout le mal.

En Portugal on rencontre peu de philosophes : aussi la foiblesse de l'état s'y trouve-t-elle en proportion avec la sottise et la superstition des peuples.

(77) On ne fut jamais en France plus intolérant. Peut-être n'y imprimeroit-on pas aujourd'hui sans cartons l'*Histoire ecclésiastique* de M. Fleuri, et n'y permettroit-on pas l'impression des fables de la Fontaine. Quelle impiété ne trouveroit-on pas dans ces vers du *Statuaire et de la statue de Jupiter!*

A la foiblesse du sculpteur
Le poete autrefois n'en dut guere,
Des dieux dont il fut l'inventeur
Craignant la haine et la colere.

Il étoit enfant en ceci :
Les enfants n'ont l'ame occupée
Que du continuel souci
Qu'on ne fâche point leur poupée.

(78) L'amour de la gloire éleve l'homme au-dessus de lui-même; elle étend les facultés de son ame et de son esprit. Mais qui regarderoit cet amour comme l'effet d'une organisation particuliere se tromperoit. Le desir de la gloire est une passion tellement factice et dépendante de la forme du gouvernement, que le législateur peut toujours à son gré l'éteindre ou l'allumer dans une nation.

(79) Il n'est point d'art ou de science qui n'ait sa langue particuliere; et c'est l'étude de cette langue qui, dans un âge avancé, nous rend incapables de l'étude d'une nouvelle science.

(80) Dans chaque pays il est un certain nombre d'objets que l'éducation offre également à tous; et c'est cette impression uniforme de ces objets qui produit dans les citoyens cette ressemblance d'idées et de sentiments à laquelle on donne le nom d'esprit et de caractere national.

Il est en outre un certain nombre d'objets divers que le hasard et l'éducation présentent à chacun des individus ; et c'est l'impression différente de ces objets qui, dans ces mêmes individus, produit cette diversité d'idées et de sentiments à laquelle on donne le nom d'esprit et de caractere particulier.

(81) Je suppose qu'on ne puisse s'illustrer dans les lettres sans partager son temps entre le monde et la retraite ; que ce soit dans les déserts que se ramassent les diamants, et dans les villes qu'on les taille, les polisse, et les monte ; il est évident que le hasard et la fortune, qui me permettent d'habiter tour-à-tour la ville et la campagne, auront plus fait pour moi que pour un autre.

SECTION V.

Des erreurs et contradictions de ceux qui rapportent à l'inégale perfection des sens l'inégale supériorité des esprits.

M. ROUSSEAU et moi sommes sur cette question d'une opinion contraire. Mon objet, en réfutant quelques unes de ses idées, n'est point la critique de l'*Émile*. Cet ouvrage est à-la-fois digne de son auteur et de l'estime publique. Mais, trop fidele imitateur de Platon, peut-être M. Rousseau a-t-il souvent sacrifié l'exactitude à l'éloquence; est-il tombé dans des contradictions, que sans doute il eût évitées, si, plus sévere observateur de ses propres idées, il les eût plus attentivement comparées entre elles.

Ce que je me propose dans l'examen des principales assertions de l'auteur, c'est de montrer que presque toutes ses erreurs sont des conséquences nécessaires de ce principe trop légèrement admis,

SAVOIR,

« Que l'inégalité des esprits est l'ef-
« fet de la perfection plus ou moins
« grande des organes des sens, et
« que nos vertus comme nos talents
« sont également dépendants de la
« diversité de nos tempéraments. »

CHAPITRE I.

*Contradictions de l'auteur d'*Émile *sur les causes de l'inégalité des esprits.*

Le simple rapprochement des idées de M. Rousseau prouvera leur contradiction.

Ire. Proposition.

Il dit, lettre III, p. 126, t. V de *l'Héloïse* (a) :

« Pour changer les caracteres il « faudroit pouvoir changer les tempé-

(a) Je tire la plupart de mes citations de la lettre III, tome V de *l'Héloïse*. C'est un extrait de l'*Émile*, fait par l'auteur lui-même. Dans cette lettre il rassemble presque tous les principes de son grand ouvrage.

« raments. Vouloir pareillement chan-
« ger les esprits, et d'un sot faire un
« homme de talents, c'est d'un blond
« vouloir faire un brun. Comment
« fondroit-on les cœurs et les esprits
« sur un modele commun? Nos ta-
« lents, nos vices, nos vertus, et par
« conséquent nos caracteres, ne dé-
« pendent-ils pas entièrement de no-
« tre organisation? »

IIe. Proposition.

Il dit, p. 164, 165 et 166, t. V de l'*Héloïse* :

« Lorsqu'on nourrit les enfants
« dans leur premiere simplicité, d'où
« leur viendroient des vices dont ils
« n'ont pas vu d'exemple, des pas-
« sions qu'ils n'ont nulle occasion de
« sentir, des préjugés que rien ne
« leur inspire? Les défauts dont nous
« accusons la nature ne sont pas son,

« ouvrage, mais le nôtre. Un propos « vicieux est, dans la bouche d'un « enfant, une herbe étrangere dont le « vent apporte la graine. »

Dans la premiere de ces citations M. Rousseau croit que c'est à l'organisation que nous devons nos vices, nos passions, et par conséquent nos caracteres.

Dans la seconde, au contraire, il croit (et je le crois comme lui) qu'on naît sans vices, parcequ'on naît sans idées; mais par la même raison on naît aussi sans vertus. Si le vice est étranger à la nature de l'homme, la vertu lui doit être pareillement étrangere. L'un et l'autre ne sont et ne peuvent être que des acquisitions (1). C'est pourquoi l'on est censé ne pouvoir pécher qu'à sept ans, parcequ'avant cet âge on n'a encore aucune idée précise du juste et de l'injuste, ni aucune connoissance de ses devoirs envers les hommes.

IIIe. PROPOSITION.

M. Rousseau dit, p. 63, t. III de l'*Émile*, « que le sentiment de la jus-
« tice est inné dans le cœur de l'hom-
« me ». Il répete, p. 107 du même volume, « qu'il est au fond des ames
« un principe inné de vertu et de jus-
« tice. »

IVe. PROPOSITION.

Il dit, p. 11, t. III de l'*Émile* :
« La voix intérieure de la vertu ne se
« fait point entendre au pauvre (2)
« qui ne songe qu'à se nourrir ». Il ajoute, p. 161, t. IV, *ibid.* : « Le peu-
« ple a peu d'idées de ce qui est beau
« et honnête ». Et conclut, p. 112, t. III, *ibid.* « qu'avant l'âge de raison
« l'homme fait le bien et le mal sans
« le connoître. »

On voit que si, dans la troisieme de ces propositions, M. Rousseau croit l'idée de la vertu innée, il la croit acquise dans la quatrieme; et il a raison. Ce n'est qu'une parfaite législation qui donneroit à tous les hommes une idée parfaite de la vertu, et qui les nécessiteroit à l'honnêteté.

Tous seroient justes, si le ciel eût, dès le berceau, gravé dans tous les cœurs les vrais principes de la législation. Il ne l'a point fait.

Le ciel a donc voulu que les hommes dussent à leur méditation l'excellence de leurs lois; que la connoissance de ces lois fût une acquisition, et le produit du génie perfectionné par le temps et l'expérience. En effet, dirois-je à M. Rousseau, s'il étoit un sentiment inné de justice et de vertu, ce sentiment, comme celui de la douleur et du plaisir physique, seroit commun à tous les hommes, au pauvre comme au riche, au peuple comme au grand; et l'homme distingueroit à tout âge le bien du mal (3).

Mais M. Rousseau dit, p. 109, t. III d'*Émile* : « Sans un principe « inné de vertu, verroit-on l'homme « juste et le citoyen honnête concou- « rir, à son préjudice, au bien public »? Personne, répondrai-je, n'a jamais concouru, à son préjudice, au bien public. Le héros citoyen qui risque sa vie pour se couronner de gloire, pour mériter l'estime publique, et pour affranchir sa patrie de la servitude, cede au sentiment qui lui est le plus agréable. Pourquoi ne trouveroit-il pas son bonheur dans l'exercice de la vertu, dans l'acquisition de l'estime publique et des plaisirs attachés à cette estime? Par quelle raison enfin n'exposeroit-il pas sa vie pour la patrie, lorsque le matelot et le soldat, l'un sur mer et l'autre à la tranchée, l'exposent tous les jours pour un écu? L'homme honnête qui semble concourir, à son préjudice, au bien public, n'obéit donc qu'au sentiment d'un intérêt noble. Pourquoi M. Rousseau nieroit-il ici que l'intérêt est le moteur unique et universel des hommes? Il en convient en mille endroits de ses ouvrages. Il dit, p. 73, t. III de l'*Émile :* « Un homme a beau « faire semblant de préférer mon in-« térêt au sien propre, de quelque « démonstration qu'il colore ce men-« songe, je suis très sûr qu'il en fait « un ». P. 137, t. I, *ibid. :* Je veux, « quand mon éleve s'engage avec moi, « qu'il ait toujours un intérêt présent « et sensible à remplir son engage-« ment, et que si jamais il y manque, « ce mensonge attire sur lui des maux

« qu'il voie sortir de l'ordre des cho-
« ses. ».

Dans cette citation, si M. Rousseau se croit d'autant plus assuré de la promesse de son éleve que cet éleve a plus d'intérêt à la garder, pourquoi dire, t. I, p. 130 de l'*Émile*, « Celui qui ne tient que par son profit « et son intérêt à sa parole, n'est « guere plus lié que s'il n'avoit rien « promis » ? Cet homme sans doute ne sera pas lié par sa parole, mais par son intérêt. Or ce lien en vaut bien un autre; et M. Rousseau n'en doute point, puisqu'il veut que ce soit l'*intérêt qui lie le disciple à sa promesse*. L'on en est et l'on en sera toujours d'autant plus exact et fidele observateur de sa parole, qu'on aura plus d'intérêt à la tenir. Quiconque alors y manque est encore plus fou que mal-honnête.

J'avoue qu'il est rare de trouver des contradictions si palpables dans les principes du même ouvrage. La seule maniere d'expliquer ce phénomene moral, c'est de convenir que M. Rousseau s'est moins occupé dans son *Émile*, de la vérité de ce qu'il dit que de la maniere de l'exprimer. Le résultat de ces contradictions, c'est que les idées de la justice et de la vertu sont réellement acquises.

CHAPITRE II.

De l'esprit et du talent.

QU'EST-CE dans l'homme que l'esprit? l'assemblage de ses idées. A quelle sorte d'esprit donne-t-on le nom de talent? à l'esprit concentré dans un seul genre, c'est-à-dire à un grand assemblage d'idées de la même espece. S'il n'est point d'idées innées (et M. Rousseau en convient dans plusieurs endroits de ses ouvrages), l'esprit et le talent sont donc en nous des acquisitions : et l'un et l'autre, comme je l'ai déja dit, ont pour principes générateurs, 1°. la sensibilité physique, sans elle nous ne recevrions point de sensations ; 2°. la mémoire, c'est-à-dire la faculté de se rappeler les sensations reçues ; 3°. l'intérêt que nous avons de comparer nos sensations entre elles (4), c'est-à-dire d'observer avec attention les ressemblances et les différences, les convenances et les disconvenances qu'ont entre eux les objets divers.

C'est cet intérêt qui fixe l'attention, et qui, dans les hommes organisés comme le commun d'entre eux, est le principe productif de leur esprit.

Les talents, regardés par quelques

uns comme l'effet d'une aptitude particuliere à tel ou tel genre d'esprit, ne sont réellement que le produit de l'attention appliquée aux idées d'un certain genre. Je compare l'ensemble des connoissances humaines au clavier d'une orgue; les divers talents en sont les touches, et l'attention mise en action par l'intérêt est la main qui peut indifféremment se porter sur l'une ou sur l'autre de ces touches.

Au reste, si l'on acquiert jusqu'au sentiment de l'amour de soi, si l'on ne peut s'aimer qu'on n'ait auparavant éprouvé le sentiment de la douleur et du plaisir physique, tout est donc en nous acquisition.

Notre esprit, nos talents, nos vices, nos vertus, nos préjugés et nos caracteres, nécessairement formés du mélange de nos idées et de nos sentiments, ne sont donc pas l'effet de nos divers tempéraments ; nos passions elles-mêmes en sont dépendantes. Je citerai les peuples du nord en preuve de cette vérité. Leur tempérament pituiteux et phlegmatique est, dit-on, l'effet particulier de la nature de leur climat et de leur nourriture ; cependant ils sont aussi susceptibles d'orgueil, d'envie, d'ambition, d'avarice, de superstition, que les peuples sanguins (a) et bilieux du midi (5). Ouvre-t-on l'histoire, on voit les peuples tout-à-coup changer de caractere sans qu'il soit arrivé de changement dans la nature de leurs climats ou de leur nourriture.

J'ajouterai même que si *tous les ca-*

(a) Ce fait prouve clairement que les passions citées ci-dessus ne sont pas l'effet de la diversité de nos tempéraments, mais, comme je l'ai dit, de l'amour du pouvoir.

racteres, comme le prétend M. Rousseau, p. 109, t. V de *l'Héloïse*, *étoient bons et sains en eux-mêmes*, cette bonté universelle, et par conséquent indépendante de la diversité des tempéraments, prouveroit contre son opinion. Plût au ciel que la bonté fût le partage de l'homme! C'est à regret que sur ce point je suis encore d'un avis contraire à M. Rousseau. Quel plaisir pour moi de trouver tous les hommes bons! Mais en leur persuadant qu'ils sont tels, je ralentirois leur ardeur pour le devenir. Je les dirois bons et les rendrois méchants.

Est-on honnête, sert-on son souverain, mérite-t-on sa confiance, lorsqu'on lui cache la misere de ses peuples? non; mais lorsqu'on la lui fait connoître, et qu'on lui montre les moyens de la soulager. Qui trompe les hommes n'est point leur ami. Où sont donc ceux des rois ? quel courtisan est toujours vrai avec son prince ? quel homme l'est toujours avec lui-même ? Le faux brave dit tous les individus courageux, pour être cru lui-même tel ; et c'est quelquefois le shaftesburiste le plus frippon qui soutient le plus vivement la bonté originelle des hommes.

Quant à moi, je ne les entretiendrai pas à cet égard dans une sécurité funeste ; je ne leur répéterai point sans cesse qu'ils sont bons : le législateur, moins en garde contre le vice, négligeroit l'établissement des lois propres à les réprimer. Je ne commettrai point le crime de lese-humanité ; j'oserai dire la vérité, en montrant que, sur ce point, M. Rousseau n'est pas plus d'accord avec lui-même que sur les précédents.

CHAPITRE III.

De la bonté de l'homme au berceau.

Je vous aime, ô mes concitoyens; et mon premier desir est de vous être utile: j'envie sans doute vos suffrages; mais voudrois-je devoir au mensonge et votre estime et vos éloges? Mille autres vous tromperont; je ne serai point leur complice. Les uns vous diront bons, et flatteront le desir que vous avez de vous croire tels: ne les en croyez pas. Les autres vous diront méchants: ils vous mentiront pareillement. Vous n'êtes ni l'un ni l'autre. Nul individu ne naît bon, nul individu ne naît méchant. Les hommes sont l'un ou l'autre, selon qu'un intérêt conforme ou contraire les réunit ou les divise (6). Des philosophes croient les hommes nés dans l'état de guerre; le desir commun de posséder les mêmes choses les arme, disent-ils, dès le berceau les uns contre les autres.

L'état de guerre sans doute suit de près l'instant de leur naissance; la paix entre eux est peu durable : cependant ils ne naissent point ennemis. La bonté ou la méchanceté est en eux un accident : c'est le produit de leurs lois bonnes ou mauvaises. Ce qu'on appelle dans l'homme la bonté ou le sens moral est sa bienveillance pour les autres, et cette bienveillance est toujours en lui proportionnée à l'utilité dont ils lui sont. Je préfere mes concitoyens aux étrangers, et mon ami à mes concitoyens. Le bonheur de mon ami se réfléchit sur moi; s'il devient plus riche et plus puissant, je participe à sa richesse et à sa puissance : la bienveillance pour les autres est donc l'effet de l'amour de nous-mêmes. Or, si l'amour de soi, comme je l'ai prouvé section IV, est en nous l'effet nécessaire de la faculté de sentir, notre amour pour les autres, quoi qu'en disent les shaftesburistes, est donc pareillement l'effet de cette même faculté.

Qu'est-ce en effet que cette bonté originelle ou ce sens moral tant vanté par les Anglais (a)? Quelle idée nette se former d'un pareil sens (b), et sur

(a) C'est sur une observation constante et générale qu'est fondé ce proverbe, *Mal d'autrui n'est que songe*. L'expérience ne prouve donc pas que les hommes soient si bons.

(b) Admet-on un sens moral? Pourquoi pas un sens algébrique ou chymique? Pourquoi créer dans l'homme un sixieme sens? Seroit-ce pour lui donner des idées

quel fait en fonder l'existence ? Sur ce qu'il est des hommes bons ? mais il en est aussi d'envieux et de menteurs, *Omnis homo mendax*. Dira-t-on en conséquence que ces hommes ont en eux un sens immoral d'envie ou un sens mentitif? Rien de plus absurde

plus nettes de la morale ? Mais qu'est-ce que la morale ? *La science des moyens inventés par les hommes pour vivre entre eux de la maniere la plus heureuse possible.* Que le puissant ne s'oppose point à ses progrès, cette science se perfectionnera proportionnellement aux lumieres que les peuples acquerront. L'on veut que la morale soit l'œuvre de Dieu. Mais elle fait en tout pays partie de la législation des peuples : or, la législation est des hommes. Si Dieu est réputé l'auteur de la morale, c'est qu'il l'est de la raison humaine, et que la morale est l'œuvre de cette raison. Identifier Dieu et la morale, c'est être idolâtre, c'est divique cette philosophie théologique de Shaftesbury : et cependant la plupart des Anglais en sont amateurs, comme les Français l'étoient jadis de leur musique ; tandis qu'aucun étranger ne peut comprendre l'une et écouter l'autre.

niser l'ouvrage des hommes. Ils ont fait des conventions. La morale n'est que le recueil de ces conventions. Le véritable objet de cette science est la félicité du plus grand nombre. *Salus populi suprema lex esto.* Si la morale des peuples produit si souvent l'effet contraire, c'est que le puissant en dirige tous les préceptes à son avantage particulier ; c'est qu'il se répete toujours, *Salus gubernantium suprema lex esto ;* c'est qu'enfin la morale de la plupart des nations n'est plus maintenant que le recueil des moyens employés et des préceptes dictés par le puissant pour affermir son autorité et pouvoir être impunément injuste.

Selon leurs philosophes, l'homme indifférent, l'homme assis dans son fauteuil desire le bien des autres: mais en tant qu'indifférent, l'homme ne desire et ne peut même rien desirer; l'état de desir et d'indifférence est contradictoire. Peut-être même cet état de parfaite indifférence est-il impossible. L'expérience m'apprend que l'homme ne naît ni bon ni méchant: son bonheur n'est pas nécessairement attaché au malheur d'autrui; au contraire, dans toute saine éducation, l'idée de ma propre félicité sera toujours plus ou moins étroitement liée dans ma mémoire à celle de mes concitoyens, et le desir de l'une produira en moi le desir de l'autre. D'où il résulte que l'amour du prochain n'est dans chaque individu qu'un effet de l'amour de lui-même. Aussi les plus bruyants prôneurs de la bonté originelle n'ont-ils pas toujours été les plus zélés bienfaiteurs de l'humanité (a).

Se fût-il agi du salut de l'Angleterre? pour la sauver, dit-on, le paresseux Shaftesbury, cet ardent apôtre du beau moral, ne se fût pas fait porter jusqu'au parlement. Ce n'est point le sens du beau moral, c'est l'amour de la gloire et de la patrie, qui forme les Horace, les Brutus et les Scevola (b). Les philosophes anglais

(a) Les romanciers du beau moral ignorent sans doute le mépris que doit avoir pour leur roman quiconque, en qualité de ministre, de lieutenant de police, et d'homme public, est à portée de connoître l'humanité.

(b) Ce système si vanté du beau moral n'est au fond que le système des idées innées détruit par Locke, et redonné de nouveau sous un nom et une forme différente.

me répéteroient en vain que le beau moral est un sens qui; se développant avec le fœtus de l'homme, le rend dans un temps marqué compatissant aux maux de ses semblables. Je puis me former une idée de mes cinq sens et des organes qui les constituent; mais j'avoue que je n'ai pas plus d'idées d'un sens moral que d'un éléphant et d'un château moral (7).

Entend-on par ce mot de sens moral le sentiment de compassion éprouvé à la vue d'un malheureux? Mais pour compatir aux maux d'un homme, il faut d'abord savoir qu'il souffre, et pour cet effet avoir senti la douleur. Une compassion sur parole en suppose encore la connoissance: d'ailleurs quels sont les maux auxquels en général on se montre le plus sensible? ce sont ceux qu'on a soufferts le plus impatiemment, et dont le souvenir en conséquence est le plus habituellement présent à notre mémoire. La compassion n'est donc point en nous un sentiment inné.

Qu'éprouvé-je à la présence d'un malheureux? une émotion forte. Qui la produit? le souvenir des douleurs auxquelles l'homme est sujet, et auxquelles je suis moi-même exposé (8). Cette idée me trouble, m'importune; et tant que cet infortuné est en ma présence, je suis tristement affecté: l'ai-je secouru, ne le vois-je plus? le calme renaît insensiblement dans mon ame, parcequ'en proportion de son éloignement le souvenir des maux que me rappeloit sa présence s'est insensiblement effacé. Quand je m'attendrissois sur lui, c'étoit donc sur moi-même que je m'attendrissois. Quels sont en effet les maux auxquels je compatis le plus? ce sont, comme je l'ai déja dit, non seulement ceux que j'ai sentis, mais ceux que je puis sentir encore : ces maux, plus présents à ma mémoire, me frappent le plus fortement. Mon attendrissement pour les douleurs d'un infortuné est toujours proportionné à la crainte que j'ai d'être affligé des mêmes douleurs. Je voudrois, s'il étoit possible, en anéantir en lui jusqu'au germe ; je m'affranchirois en même temps de la crainte d'en éprouver de pareilles. L'amour des autres ne sera jamais dans l'homme qu'un effet de l'amour de lui-même (9), et par conséquent de sa sensibilité physique. En vain M. Rousseau répete-t-il sans cesse « que tous « les hommes sont bons et tous les « premiers mouvements de la nature « droits ». La nécessité des lois est la preuve du contraire. Que suppose cette nécessité? que ce sont les divers intérêts de l'homme qui le rendent méchant ou bon, et que le seul moyen de former des citoyens vertueux, c'est de lier l'intérêt particulier à l'intérêt public.

Au reste, quel homme moins persuadé que M. Rousseau de la bonté originelle des caracteres? Il dit, p. 179, t. I de l'*Émile :* « Tout homme qui « ne connoît point la douleur ne con- « noît ni l'attendrissement de l'hu- « manité ni la douceur de la com- « misération : son cœur n'est ému de « rien ; il n'est point sociable : c'est « un monstre avec ses semblables ». Il ajoute, p. 220, t. II, *ibid. :* « Rien, « selon moi, de plus beau et de plus « vrai que cette maxime, *On ne plaint « jamais dans autrui que les maux « dont on ne se croit pas soi-même « exempt ;* et c'est pourquoi, ajoute- « t-il, le prince est sans pitié pour ses

« sujets, le riche est dur avec le pau-
« vre, et le noble avec le roturier. »

D'après ces maximes comment soutenir la bonté originelle de l'homme, et prétendre que *tous les caracteres sont bons?*

La preuve que l'humanité n'est dans l'homme que l'effet du souvenir des maux qu'il connoît ou par lui-même (10) ou par les autres, c'est que, de tous les moyens de le rendre humain et compatissant, le plus efficace est de l'habituer dès sa plus tendre jeunesse à s'identifier avec les malheureux et à se voir en eux. Quelques uns ont en conséquence traité la compassion de foiblesse. Qu'on lui donne tel nom qu'on voudra, cette foiblesse sera toujours à mes yeux la premiere des vertus (11), parcequ'elle contribuera toujours le plus au bonheur de l'humanité.

J'ai prouvé que la compassion n'est ni un *sens moral* ni un *sentiment inné*, mais un pur effet de l'amour de soi. Que s'ensuit-il? que c'est ce même amour diversement modifié selon l'éducation différente qu'on reçoit, les circonstances et les positions où le hasard nous place, qui nous rend humains ou durs; que les hommes ne naissent point compatissants, mais que tous peuvent le devenir, et le seront lorsque les lois, la forme du gouvernement et l'éducation, les rendront tels.

O vous à qui le ciel confie la puissance législative, que votre administration soit douce, que vos lois soient sages; et vous aurez pour sujets des hommes humains, vaillants et vertueux. Mais si vous altérez ou ces lois ou cette sage administration, ces vertueux citoyens mourront sans postérité; et vous n'aurez près de vous que des méchants, parceque vos lois les auront rendus tels. L'homme, indifférent au mal par sa nature, ne s'y livre pas sans motifs. L'homme heureux est humain; c'est le lion repu.

Malheur au prince qui se fie à la bonté originelle des caracteres (12)! M. Rousseau la suppose : l'expérience le dément. Qui la consulte apprend que l'enfant noie des mouches (13), bat son chien, étouffe son moineau, et que, né sans humanité, l'enfant a tous les vices de l'homme.

Le puissant est souvent injuste; l'enfant robuste l'est de même : n'est-il pas contenu par la présence du maître, à l'exemple du puissant, il s'approprie par la force le bonbon ou le bijou de son camarade; il fait pour une poupée, pour un hochet, ce que l'âge mûr fait pour un titre ou un sceptre. La maniere uniforme d'agir de ces deux âges a fait dire à M. de la Motte :

> C'est que déja l'enfant est homme,
> Et que l'homme est encore enfant.

C'est sans raison qu'on soutient la bonté originelle des caracteres. J'ajouterai même que dans l'homme la bonté et l'humanité ne peuvent être l'ouvrage de la nature, mais uniquement celui de l'éducation.

CHAPITRE IV.

L'homme de la nature doit être cruel.

QUE nous présente le spectacle de la nature? une multitude d'êtres destinés à s'entre-dévorer. L'homme en particulier, disent les anatomistes, a la dent de l'animal carnassier; il doit donc être vorace, et par conséquent cruel et sanguinaire : d'ailleurs la chair est pour lui l'aliment le plus sain , le plus conforme à son organisation. Sa conservation , comme celle de presque toutes les especes d'animaux , est attachée à la destruction des autres. Les hommes répandus par la nature dans de vastes forêts sont d'abord chasseurs.

Plus rapprochés les uns des autres, et forcés de trouver leur nourriture dans un plus petit espace, le besoin les fait *pasteurs;* plus multipliés encore , ils deviennent enfin *cultivateurs.* Dans toutes ces diverses positions, l'homme est le destructeur né des animaux, soit pour se repaître de leur chair , soit pour défendre contre eux le bétail, les fruits, grains et légumes nécessaires à sa subsistance.

L'homme de la nature est son boucher, son cuisinier; ses mains sont toujours souillées de sang. Habitué au meurtre, il doit être sourd au cri de la pitié. Si le cerf aux abois m'émeut, si ses larmes font couler les miennes, ce spectacle si touchant par sa nouveauté est agréable au sauvage que l'habitude y endurcit.

La mélodie la plus agréable à l'inquisiteur sont les hurlements de la douleur; il rit près du bûcher où l'hérétique expire : cet inquisiteur, assassin autorisé par la loi, conserve même au sein des villes la férocité de l'homme de la nature. Plus on se rapproche de cet état, plus on s'accoutume au meurtre, moins il coûte. Pourquoi le dernier boucher est-il, au défaut de bourreau, forcé d'en remplir les fonctions? c'est que sa profession le rend impitoyable. Celui qu'une bonne éducation n'accoutume pas à voir dans les maux d'autrui ceux auxquels il est lui-même exposé, sera toujours dur, et souvent sanguinaire : le peuple l'est; il n'a pas l'esprit d'être humain. C'est, dit-on, la curiosité qui l'entraîne à Tyburn ou à la Greve : oui, la premiere fois; s'il y retourne, il est cruel. Il pleure aux exécutions, il est ému ; mais l'homme du monde pleure à la tragédie, et la représentation lui en est agréable.

Qui soutient la bonté originelle des hommes veut les tromper. Faut-il qu'en humanité comme en religion il y ait tant d'hypocrites et si peu de vertueux ? Prendra-t-on pour bonté naturelle dans l'homme les égards qu'une crainte respective inspire à deux êtres à-peu-près égaux en forces? L'homme policé lui-même n'est-il plus retenu par cette crainte, il devient cruel et barbare.

Qu'on se rappelle le tableau d'un champ de bataille au moment qui suit la victoire, lorsque la plaine est encore jonchée de morts et de mourants; lorsque l'avarice et la cupidité portent leurs regards avides sur les vêtements sanglants des victimes encore palpitantes du bien public; lorsque, sans pitié pour des malheureux dont elles redoublent les souffrances, elles s'en approchent et les dépouillent.

Les larmes, le visage effrayant de l'angoisse, le cri aigu de la douleur, rien ne les touche; aveugles aux pleurs de ces infortunés, elles sont sourdes à leurs gémissements.

Tel est l'homme aux champs de la victoire. Est-il plus humain sur les *trônes* d'orient (14) d'où il commande aux lois? Quel usage y fait-il de sa puissance? s'occupe-t-il de la félicité des peuples ? soulage-t-il leurs besoins? allege-t-il le poids de leurs fers ? l'orient est-il libre et déchargé du joug insupportable du despotisme ? Chaque jour au contraire ce joug s'appesantit. C'est sur la crainte qu'il inspire, c'est sur les barbaries exercées sur des esclaves tremblants, que le despote mesure sa gloire et sa grandeur. Chaque jour est marqué par l'invention d'un supplice nouveau et plus cruel. Qui plaint les peuples en sa présence est son ennemi, et qui donne à ce sujet *des conseils à son maître lave*, dit le poëte Saadi, *ses mains dans son propre sang*.

Indifférent au malheur des Romains, Arcade, uniquement occupé de la poule qu'il nourrit, est forcé par les barbares d'abandonner Rome : il se retire à Ravenne, y est poursuivi par l'ennemi : une seule armée lui reste, il la leur oppose ; elle est attaquée, battue : on lui en apprend la défaite. En proie, lui dit-on, à l'avarice et à la cruauté du vainqueur, Rome est pillée ; les citoyens fuient nuds ; ils n'ont le temps de rien emporter. Arcade impatient interrompt le récit ; A-t-on, dit-il, sauvé ma poule ?

Tel est l'homme ceint de la couronne du despotisme ou des lauriers de la victoire (15). Affranchi de la crainte des lois ou des représailles, ses injustices n'ont d'autre mesure que celle de sa puissance. Que devient donc cette bonté originelle que tantôt M. Rousseau suppose dans l'homme, et que tantôt il lui refuse ?

Qu'on ne m'accuse pas de nier l'existence des hommes bons : il en est de tendres, de compatissants aux maux de leurs semblables ; mais l'humanité est en eux l'effet de l'éducation et non de la nature.

Nés parmi les Iroquois, ces mêmes hommes en eussent adopté les coutumes barbares et cruelles. Si M. Rousseau est encore sur ce point contradictoire à lui-même, c'est que ses principes sont en contradiction avec ses propres expériences ; c'est qu'il écrit tantôt d'après les uns, tantôt d'après les autres.

CHAPITRE V.

M. Rousseau croit tour-à-tour l'éducation utile et inutile.

Iere. Proposition.

M. Rousseau dit, p. 109, t. V de *l'Héloïse :* « L'éducation gêne de tou« tes parts la nature, efface les gran« des qualités de l'ame pour en sub« stituer de petites et d'apparentes « qui n'ont nulle réalité ». Ce fait admis, rien de plus dangereux que l'éducation. Cependant, dirai-je à M. Rousseau, si telle est sur nous la force de l'instruction qu'elle substitue de petites qualités aux grandes que nous tenons de la nature, et qu'elle change ainsi nos caracteres en mal ; pourquoi cette même instruction ne substitueroit-elle pas de grandes qualités aux petites que nous aurions reçues de cette même nature, et ne changeroit-elle pas ainsi nos caracteres en bien ? L'héroïsme des républiques naissantes prouve la possibilité de cette métamorphose.

IIe. Proposition.

M. Rousseau, p. 121, t. V, *ibid.*, fait dire à Volmar : « Pour rendre « mes enfants dociles, ma femme a « substitué au joug de la discipline « un joug plus inflexible, celui de la « nécessité ». Mais si dans l'éducation l'on peut faire usage de la nécessité, et si son pouvoir est irrésistible, on peut donc corriger les défauts des enfants, en changer les caracteres, et les changer en bien.

Dans l'une de ces deux propositions, M. Rousseau est donc non seulement en contradiction avec lui-même, mais encore avec l'expérience.

Quels hommes en effet ont donné les plus grands exemples de vertu? Sont-ce ces sauvages du nord ou du midi, ces Lappons, ces Papous sans éducation, ces hommes pour ainsi dire de la nature, dont la langue n'est composée que de cinq ou six sons ou cris? non sans doute. La vertu consiste dans le sacrifice de ce qu'on appelle son intérêt à l'intérêt public. De pareils sacrifices supposent les hommes déja rassemblés en sociétés, et les lois de ces sociétés perfectionnées à un certain point. Où trouve-t-on des héros? chez des peuples plus ou moins policés : tels sont les Chinois, les Japonois, les Grecs, les Romains, les Anglais, les Allemands, les Français, etc.

Quel seroit dans toute société l'homme le plus détestable? l'homme de la nature, qui, n'ayant point fait de convention avec ses semblables, n'obéiroit qu'à son caprice et au sentiment actuel qui l'inspire.

IIIe. Proposition.

Après avoir répété que l'*éducation efface les grandes qualités de l'ame*, imagineroit-on que M. Rousseau, p. 192, t. IV de l'*Émile*, divise les hommes en deux classes; *l'une de gens qui pensent, l'autre de gens qui ne pensent pas?* différence, selon lui, entièrement dépendante de la différence de l'éducation. Quelle contradiction frappante! Est-il plus d'accord avec lui-même, lorsqu'après avoir regardé l'esprit comme un pur effet de l'organisation, et avoir en conséquence déclamé contre toutes sortes d'instructions, il fait le plus grand cas de celle des Spartiates qui commençoit à la mamelle? Mais, dira-t-on, en s'opposant en général à toute instruction, l'objet de M. Rousseau est simplement de soustraire la jeunesse au danger d'une mauvaise éducation. Tout le monde est de son avis, et convient que *mieux vaut refuser toute éducation aux enfants que de leur en donner une mauvaise.* Ce n'est donc pas sur une vérité aussi triviale que peut insister M. Rousseau. Une preuve du peu de liaison de ses idées sur cet objet, c'est qu'en plusieurs autres endroits de ses ouvrages il consent qu'on donne quelques instructions aux enfants, pourvu, dit-il, qu'elles ne soient pas prématurées. Ici il est encore contradictoire à lui-même.

IVe. Proposition.

Il dit, p. 153, t. V de *l'Héloïse* : « La marche de la nature est la meil- « leure ; il faut sur-tout ne la pas con- « traindre par une éducation préma- « turée ». Mais s'il est une éducation prématurée, c'est sans contredit celle des nourrices : il faudroit donc qu'elles n'en donnassent aucune à leurs nourrissons. Voyons si c'est l'opinion constante de M. Rousseau.

V^e. Proposition.

Il dit, t. V, p. 135 et 136, *ibid.* : « Les nourrices devroient dès l'âge le « plus tendre réprimer dans les en- « fants le défaut de la criaillerie. La « même cause qui rend l'enfant criard « à trois ans le rend mutin à douze, « querelleur à vingt, impérieux à « trente, et insupportable toute sa

« vie ». M. Rousseau avoue donc ici que les nourrices peuvent *réprimer* dans les enfants le défaut de la criaillerie. Les enfants au berceau sont donc déja susceptibles d'instructions : s'ils le sont, pourquoi dès leur bas âge ne pas commencer leur éducation? Par quelle raison en hasarder le succès en se donnant à-la-fois et les défauts de l'enfant et l'habitude de ces défauts à combattre? Pourquoi ne se hâteroit-on pas d'étouffer dans ses passions encore foibles le germe des plus grands vices? M. Rousseau ne doute point à cet égard du pouvoir de l'éducation.

VIe. PROPOSITION.

Il dit, t. V, p. 158, *ibid.* : « Une « mere un peu vigilante tient dans ses « mains les passions de ses enfants ». Elle y tient donc aussi leur caractere.

Qu'est-ce en effet qu'un caractere? le produit d'une volonté vive et constante, par conséquent d'une passion forte. Mais si la mere peut tout sur celle de ses fils, elle peut tout sur leur caractere. Qui peut disposer de la cause est le maître de l'effet.

Pourquoi Julie, toujours contraire à elle-même, répete-t-elle sans cesse qu'elle met peu d'importance à l'instruction de ses enfants, et qu'elle en abandonne le soin à la nature, lorsque dans le fait *il n'est point d'éducation*, si je l'ose dire, *plus éducation que la sienne*, et qu'enfin en ce genre elle ne laisse pour ainsi dire rien à faire à la nature?

C'est avec plaisir que je saisis cette occasion de louer M. Rousseau : ses vues sont quelquefois extrêmement fines. Les moyens employés par Julie pour l'instruction de ses fils sont souvent les meilleurs possibles. Tous les hommes, par exemple, sont singes et imitateurs : le vice se gagne par contagion. Julie le sait, et veut en conséquence que tous, jusqu'à ses domestiques, concourent par leurs exemples et leurs discours à inspirer à ses enfants les vertus qu'elle desire en eux. Mais un pareil plan d'instruction est-il praticable dans la maison paternelle ? j'en doute : et si, de l'aveu de Julie, un seul valet brutal ou flatteur suffit pour gâter toute une éducation (a), où trouver

(a) D'après cet aveu de Julie, croiroit-on que M. Rousseau me reproche de trop donner à l'éducation?

« Deux hommes du même état, dit-il, « ne reçoivent-ils pas à-peu-près les « mêmes instructions ? et néanmoins « quelle différence n'apperçoit-on pas « entre leurs esprits! Pour expliquer « cette différence, supposera-t-on, ajou-

des domestiques tels que l'exige ce plan d'instruction? Au reste, ce qui

« te-t-il, page 114, tome V de *l'Héloïse*, « que certains objets ont agi sur l'un « et non pas sur l'autre, que de petites « circonstances les ont frappés diverse- « ment sans qu'ils s'en soient apperçus? « Tous ces raisonnements ne sont que « des subtilités ». Mais, répondrai-je à M. Rousseau, assurer que le caractere brutal ou flatteur d'un domestique suffit pour gâter toute une éducation; qu'un éclat de rire indiscret (page 216, tome I de l'*Émile*) peut retarder de six mois une éducation, c'est convènir que ces mêmes petites circonstances, pour lesquelles vous affectez tant de mépris, sont quelquefois de la plus grande importance, et que l'éducation, par conséquent, ne peut précisément être la même pour deux hommes. Or, comment se peut-il, après avoir si authentiquement reconnu l'influence des plus petites causes sur l'édu-

paroît impossible à l'éducation particuliere l'est-il à l'éducation publique?

cation, que M. Rousseau compare (pages 113 et 114, tome V de *l'Héloïse*) les raisonnements faits à ce sujet à ceux des astrologues? « Pour expliquer, dit-il, « comment les hommes qui semblent « nés sous le même aspect du ciel éprou- « vent des fortunes très différentes, ces « astrologues nient que ces hommes soient « nés précisément au même instant ». Mais, répliquera-t-on à M. Rousseau, ce n'est point dans cette négation que consiste l'erreur des astrologues. Dire que les astres dans un instant, quelque petit qu'il soit, parcourent un espace plus ou moins grand, proportionnément à la vîtesse plus ou moins grande avec laquelle ils se meuvent, c'est une vérité mathématique; assurer que, faute d'une pendule assez juste, ou d'une observation assez exacte, deux hommes qu'on croit nés dans le même instant n'ont cependant

CHAPITRE VI.

De l'heureux usage qu'on peut faire, dans l'éducation publique, de quelques idées de M. Rousseau.

DANS l'éducation particuliere on n'a pas le choix du maître. L'excellent est rare; il doit être cher, et peu de particuliers sont assez riches pour le bien payer. Il n'en est pas de même dans une éducation publique : le gouvernement paie-t-il libéralement les

pas vu le jour dans le moment où les astres étoient précisément dans la même position les uns à l'égard des autres, c'est souvent un doute assez bien fondé : mais croire sans aucune preuve que les astres influent sur le sort et le caractere des hommes, c'est une sottise, et c'est celle des astrologues.

instituteurs, leur marque-t-il une certaine considération, rend-il enfin leurs places honorables (a)? il les rend généralement desirables. Le gouvernement alors a le choix sur un si grand nombre d'hommes éclairés, qu'il en trouve toujours de propres à remplir les places qu'il leur destine. En tous les

(a) Que faut-il, dit M. Rousseau, pour qu'un enfant apprenne? Qu'il ait intérêt d'apprendre. Que faut-il pour qu'un maître perfectionne sa méthode d'enseigner? Qu'il ait pareillement intérêt de la perfectionner. Mais, pour s'occuper d'un travail si pénible, il faut qu'il espere une récompense considérable. Or, peu de peres sont assez riches pour réaliser son espoir, et payer noblement ses services. Le prince seul, en honorant les places d'instituteurs, en y attachant des appointements honnêtes, peut à-la-fois inspirer aux gens de mérite le desir de les mériter et de les obtenir.

genres, c'est la disette des récompenses qui produit celle des talents.

Mais dans le plan d'éducation proposé par M. Rousseau quel doit être le premier soin des maîtres ? l'éducation des domestiques destinés à servir les enfants. Ces domestiques élevés, alors les maîtres, d'après leur propre expérience et celle de leurs prédécesseurs, peuvent s'attacher à perfectionner les méthodes de l'instruction.

Ces maîtres sont-ils chargés d'inspirer à leurs disciples les goûts, les idées, les passions les plus conformes à l'intérêt général? ils sont, en présence de l'éleve, forcés de porter sur leurs démarches, leur conduite et leurs discours, une attention impossible à soutenir long-temps; c'est tout le plus s'ils peuvent quatre ou cinq heures par jour supporter une telle contrainte. Aussi n'est-ce que dans les colleges où les maîtres se relaient successivement qu'on peut faire usage de certaines vues, de certaines idées répandues dans l'*Émile* et *l'Héloïse*. Le possible dans une maison publique d'instruction cesse de l'être dans la maison paternelle.

A quel âge commencer l'éducation des enfants? Si l'on en croit M. Rousseau, p. 116, t. V de *l'Héloïse*, *ils sont jusqu'à dix ou douze ans sans jugement*. Jusqu'à cet âge toute éducation est donc inutile. L'expérience, il est vrai, est sur ce point en contradiction avec cet auteur : elle nous apprend que l'enfant discerne, au moins confusément, au moment même qu'il sent; qu'il juge avant douze ans des distances, des grandeurs, de la dureté, de la mollesse des corps, de ce qui l'amuse ou l'ennuie, de ce qui est bon ou mauvais au goût; qu'enfin il sait avant douze ans une grande partie de la langue usuelle, et connoît déja les mots propres à exprimer ses idées: d'où je conclus que l'intention de la nature n'est pas, comme le dit l'auteur d'*Émile*, que le corps se fortifie avant que l'esprit s'exerce, mais que l'esprit s'exerce à mesure que le corps se fortifie. M. Rousseau ne paroît pas là-dessus bien assuré de la vérité de ses raisonnements: aussi avoue-t-il, p. 259, t. I de l'*Émile*, « qu'il est souvent en « contradiction avec lui-même; mais, « ajoute-t-il, cette contradiction n'est « que dans les mots ». J'ai déja fait voir qu'elle est dans les choses; et l'auteur m'en fournit une nouvelle preuve dans le même endroit de son ouvrage: « Si je regarde, dit-il, les « enfants comme incapables de rai-

« sonnement (a), c'est qu'on les fait « raisonner sur ce qu'ils ne compren- « nent pas ». Mais il en est à cet égard de l'homme fait comme de l'enfant; l'un et l'autre raisonnent mal sur ce qu'ils n'entendent pas. L'on peut même assurer que si l'enfant est aussi capable de l'étude des langues que l'homme fait, il est aussi susceptible d'attention, et peut également appercevoir les ressemblances et les différences, les convenances et les disconvenances qu'ont entre eux les objets divers, et par conséquent raisonner également juste.

(a) « La prétendue incapacité des jeunes « gens pour le raisonnement, dit à ce « sujet S.-Réal, est plutôt une con- « descendance pour le maître que pour « le disciple. Les maîtres, ne sachant pas « les faire raisonner, ont un intérêt de les « en dire incapables. »

Quelles sont d'ailleurs les expériences sur lesquelles se fonde M. Rousseau pour assurer, p. 203, t. I de l'*Émile*, « que, si l'on pouvoit amener un éleve sain et robuste à l'âge « de dix ou douze ans sans qu'il pût « distinguer sa main droite de la gauche et sans savoir ce que c'est qu'un « livre, les yeux de son entendement « s'ouvriroient tout-à-coup aux leçons « de la raison? »

Je ne conçois pas, je l'avoue, pourquoi l'enfant en verroit mieux s'il n'ouvroit qu'à dix ou douze ans les *yeux de son entendement*. Tout ce que je sais, c'est que l'attention d'un enfant livré jusqu'à douze ans à la dissipation est très difficile à fixer; c'est que le savant lui-même, distrait trop longtemps de ses études, ne s'y remet pas sans peine. Il en est de l'esprit comme du corps; l'on ne rend l'un attentif et l'autre souple que par une exercice continuel. L'attention ne devient facile que par l'habitude.

Mais on a vu des hommes triompher dans un âge mûr des obstacles qu'une longue inapplication met à l'acquisition des talents.

Un desir excessif de la gloire peut sans doute opérer ce prodige. Mais quel concours, quelle réunion rare de circonstances pour allumer un tel desir! Doit-on compter sur ce concours, et tout attendre d'un miracle? Le parti le plus sûr est d'habituer de bonne heure les enfants à la fatigue de l'attention : cette habitude est l'avantage le plus réel qu'on retire maintenant des meilleures études. Mais que faire pour rendre les enfants attentifs? Qu'ils aient intérêt à l'être. C'est pour cet effet qu'on a quelquefois recours au châtiment (16). La crainte engendre l'attention ; et si l'on a d'ailleurs perfectionné les méthodes de l'instruction, cette attention est peu pénible.

Mais ces méthodes sont-elles faciles à perfectionner ?

Que dans une science abstraite, telle par exemple que la morale, on fasse remonter un enfant des idées particulieres aux générales ; qu'on attache des idées nettes et précises aux divers mots qui composent la langue de cette science ; l'étude en deviendra facile. Par quelle raison, observateur exact de l'esprit humain, ne disposeroit-on pas les études de maniere que l'expérience fût l'unique, ou du moins le premier des maîtres, et que dans chaque science le disciple s'élevât toujours des simples sensations aux idées les plus composées ? Cette méthode une fois adoptée, les progrès de l'éleve seroient plus rapides, sa science plus assurée ; l'étude, pour lui moins pénible, lui deviendroit moins odieuse, et l'éducation enfin pourroit plus sur lui.

Répéter que *l'enfance et la jeunesse sont sans jugement*, c'est le propos des vieillards de la comédie. La jeunesse réfléchit moins que la vieillesse, parcequ'elle sent plus, parceque tous les objets, nouveaux pour elle, lui font une impression plus forte. Mais si la force de ses sensations la distrait de la méditation, leur vivacité grave plus profondément dans son souvenir les objets qu'un intérêt quelconque doit lui faire un jour comparer entre eux.

CHAPITRE VII.

Des prétendus avantages de l'âge mûr sur l'adolescence.

L'HOMME sait plus que l'adolescent; il a plus de faits dans sa mémoire. Mais a-t-il plus de capacité d'apprendre, plus de force d'attention, plus d'aptitude à raisonner? non : c'est au sortir de l'enfance, c'est dans l'âge des desirs et des passions, que les idées, si je l'ose dire, poussent le plus vigoureusement. Il en est du printemps de la vie comme du printemps de l'année; la seve alors monte avec force dans les arbres, se répand dans leurs branches, se partage dans leurs rameaux, se porte à leurs extrémités, les ombrage de feuilles, les pare de fleurs et en noue les fruits. C'est dans la jeunesse de l'homme que se nouent pareillement en lui les pensées sublimes qui doivent un jour le rendre célebre.

Dans l'été de sa vie ses idées se mûrissent ; dans cette saison l'homme les compare, les unit entre elles, en compose un grand ensemble : il passe dans ce travail de la jeunesse à l'âge mûr ; et le public, qui récolte alors le fruit de ses travaux, regarde les dons de son printemps comme un présent de son automne (a). L'homme est-il jeune ? c'est alors qu'en total il est le plus parfait (17), qu'il porte en lui

(a) Dans la premiere jeunesse, c'est au desir de la gloire, quelquefois à l'amour des femmes, qu'on doit le goût vif pour l'étude ; et, dans un âge plus avancé, ce n'est qu'à la force de l'habitude qu'on doit la continuité de ce même goût.

plus d'esprit de vie, et qu'il en répand davantage sur ce qui l'entoure.

Considérons les empires où l'ame du prince, devenue celle de sa nation, lui communique le mouvement et la vie; où, semblable à la fontaine d'Alcinoüs, dont les eaux jaillissoient dans l'enceinte du palais, et se distribuoient ensuite par cent canaux dans la capitale, l'esprit du souverain est par le canal des grands pareillement transmis aux sujets. Qu'arrive-t-il? c'est qu'en ces empires, où tout émane du monarque, le moment de sa jeunesse est communément celui où la nation est le plus florissante. Si la fortune, à l'exemple des coquettes, semble fuir les cheveux gris, c'est qu'alors l'activité des passions abandonne le prince (18), et que l'activité est la mere des succès.

A mesure que la vieillesse approche, l'homme, moins attaché à la terre, est moins fait pour la gouverner. Il sent chaque jour décroître en lui le sentiment de son existence; le principe de son mouvement s'exhale; l'ame du monarque s'engourdit, et son engourdissement se communiquant à ses sujets, ils perdent leur audace, leur énergie; et l'on redemande en vain à la vieillesse de Louis XIV les lauriers qui couronnoient sa jeunesse.

Veut-on savoir ce que l'éducation peut sur l'enfance? ouvrons le tome V de *l'Héloïse*, et rapportons-nous-en à Julie ou à M. Rousseau lui-même. Il y dit (a) « que les enfants de Julie, « dont l'aîné (b) a six ans, lisent déja « passablement; qu'ils sont déja do-

(a) Page 159.
(b) Page 148.

« ciles (a) ; qu'ils sont accoutumés au « refus (b) ; que Julie a détruit en eux « la cause de la criaillerie (c) ; qu'elle « a écarté de leur ame le mensonge, « la vanité, la colere et l'envie (d). »

Que Julie ou M. Rousseau regardent, s'ils le veulent, ces instructions comme simplement préparatoires (le nom ne fait rien à la chose), toujours est-il vrai qu'à six ans il est peu d'éducation plus avancée. Quels progrès plus étonnants encore M. Rousseau, p. 132, t. II d'*Émile*, ne fait-il pas faire à son éleve! « Par le moyen, « dit-il, de mon éducation, quelles « grandes idées je vois s'arranger dans « la tête d'Émile ! quelle netteté de « judiciaire ! quelle justesse de raison !

(a) Page 120.

(b) Page 132.

(c) Pages 135 et 136.

(d) Page 123.

« Homme supérieur, s'il ne peut éle-
« ver les autres à sa mesure, il sait
« s'abaisser à la leur. Les vrais prin-
« cipes du juste, les vrais modeles du
« beau, tous les rapports moraux des
« êtres, toutes les idées de l'ordre, se
« gravent dans son entendement. »

Si tel est l'Émile de M. Rousseau, personne ne lui contestera la qualité d'homme supérieur. Cependant cet éleve, t. II, p. 302, « n'avoit reçu de
« la nature que de médiocres dispo-
« sitions à l'esprit. »

Sa supériorité, comme le soutient M. Rousseau, n'est donc pas en nous l'effet de la perfection plus ou moins grande de nos organes, mais de notre éducation.

Qu'on ne s'étonne point des contradictions de ce célebre écrivain; ses observations sont presque toujours justes, et ses principes presque toujours faux et communs ; de là ses erreurs. Peu scrupuleux examinateur des opinions généralement reçues, le nombre de ceux qui les adoptent lui en impose. Et quel philosophe porte toujours sur ces opinions l'œil sévere de l'examen ? La plupart des hommes se répetent : ce sont des voyageurs qui, les uns d'après les autres, donnent la même description des pays qu'ils ont rapidement parcourus, ou même qu'ils n'ont jamais vus.

Dans les anciennes salles de spectacles il y avoit, dit-on, beaucoup d'échos artificiels placés de distance en distance, et peu d'acteurs sur la scene. Or, sur le théâtre du monde, le nombre de ceux qui pensent par eux-mêmes est pareillement très petit, et le nombre des échos très grand ; l'on est par-tout étourdi du bruit de ces échos. Je n'appliquerai pas cette comparaison à M. Rousseau ; mais j'observerai que s'il n'est pas de génie dans la composition duquel il n'entre souvent beaucoup de oui-dire, c'est l'un de ces oui-dire qui sans doute a fait croire à M. Rousseau « qu'avant dix ou « douze ans les enfants étoient entiè- « rement incapables et de raisonne- « ment et d'instruction. »

CHAPITRE VIII.

Des éloges donnés par M. Rousseau à l'ignorance.

Celui qui par fois regarde la diversité des esprits et des caracteres comme l'effet de la diversité des tempéraments (a), et qui, persuadé que

(a) Si les caracteres étoient l'effet de l'organisation, il y auroit en tout pays

l'éducation *ne substitue que de petites qualités aux grandes données par la nature*, croit en conséquence l'éducation nuisible (19), doit aussi par fois se faire l'apologiste de l'ignorance. Aussi, dit M. Rousseau, p. 163, t. V de *l'Héloïse* : « Ce n'est point des li-« vres que les enfants doivent tirer « leurs connoissances. Les connois-« sances, ajoute-t-il, ne s'y trouvent « pas ». Mais sans livres les sciences et les arts eussent-ils jamais atteint un certain degré de perfection? Pourquoi

un certain nombre d'hommes de caractere. Pourquoi n'en voit-on communément que dans les pays libres? C'est que ces pays sont les seuls où les caracteres puissent se développer. Mais le moral pourroit-il s'opposer au développement d'une cause physique? Est-il quelque maxime morale qui fasse fondre une loupe?

n'apprendroit-on pas la géométrie dans les Euclide et les Clairaut; la médecine dans les Hippocrate et les Boerhaave; la guerre dans les César, les Feuquiere et les Montecuculi; le droit civil dans les Domat; enfin la politique et la morale dans des historiens tels que les Tacite, les Hume, les Polybe, les Machiavel? Pourquoi, non content de mépriser les lettres, M. Rousseau semble-t-il insinuer que l'homme, vertueux de sa nature, doit ses vices à ses connoissances? « Peu m'importe, dit Julie, « p. 158 et 159, t. V, *ibid.*, que mon « fils soit savant; il me suffit qu'il « soit sage et bon ». Mais les sciences rendent-elles le citoyen vicieux? L'ignorant est-il le meilleur (20) et le plus sage des hommes? Si l'espece de probité nécessaire pour n'être pas pendu exige peu de lumieres, en est-il ainsi d'une probité fine et délicate? Quelle connoissance des devoirs patriotiques cette probité ne suppose-t-elle pas! Parmi les stupides j'ai vu des hommes bons, mais en petit nombre; j'ai vu beaucoup d'huîtres, et peu qui renferment des perles. On n'a point observé que les peuples les plus ignorants fussent toujours les plus heureux, les plus doux et les plus vertueux (21).

Au nord de l'Amérique, une guerre inhumaine arme perpétuellement les ignorants sauvages les uns contre les autres : ces sauvages, cruels dans leurs combats, sont plus cruels encore dans leurs triomphes. Quel traitement attendent leurs prisonniers? la mort dans des supplices abominables. La paix, le calumèt en main, a-t-elle suspendu la fureur de deux peuples sauvages? quelles violences n'exercent-ils pas souvent dans leurs propres peuplades ! Combien de fois a-t-on vu le meurtre, la cruauté, la perfidie encouragée par l'impunité (22), y marcher le front levé !

Par quelle raison en effet l'homme stupide des bois seroit-il plus vertueux que l'homme éclairé des villes ? Partout les hommes naissent avec les mêmes besoins et le même desir de les satisfaire : ils sont les mêmes au berceau ; et s'ils different entre eux, c'est lorsqu'ils entrent plus avant dans la carriere de la vie.

Les besoins, dira-t-on, d'un peuple sauvage se réduisent aux seuls besoins physiques ; ils sont en petit nombre : ceux d'une nation policée, au contraire, sont immenses. Peu d'hommes y sont exposés aux rigueurs de la faim ; mais que de goûts et de desirs n'ont-ils pas à satisfaire ! et, dans cette multiplicité de goûts, que de germes de querelles, de discussions, et de vices! Oui; mais aussi que de lois et de police pour les réprimer!

Au reste, les grands crimes ne sont pas toujours l'effet de la multitude de nos desirs. Ce ne sont pas les passions multipliées, mais les passions fortes, qui sont fécondes en forfaits. Plus j'ai de desirs et de goûts, moins ils sont ardents. Ce sont des torrents d'autant moins gonflés et dangereux dans leur cours, qu'ils se partagent en plus de rameaux. Une passion forte est une passion solitaire qui concentre tous nos desirs en un seul point. Telles sont souvent en nous les passions produites par des besoins physiques.

Deux nations sans arts et sans agriculture sont-elles quelquefois exposées au tourment de la faim? dans cette faim quel principe d'activité!

Point de lac poissonneux, point de forêt giboyeuse, qui ne deviennent entre elles un germe de discussion et de guerre. Le poisson et le gibier cessent-ils d'être abondants? chacune défend le lac ou le bois qu'elle s'approprie, comme le laboureur l'entrée du champ prêt à moissonner.

La faim se renouvelle plusieurs fois le jour, et, par cette raison, devient dans le sauvage un principe plus actif que ne l'est chez un peuple policé la variété de ses goûts et de ses desirs. Or, l'activité dans le sauvage est toujours cruelle, parcequ'elle n'est pas contenue par la loi. Aussi, proportionnément au nombre de ses habitants, se commet-il au nord de l'Amérique plus de cruautés et de crimes que dans l'Europe entiere. Sur quoi donc fonder l'opinion de la vertu et du bonheur des sauvages?

Le dépeuplement des contrées septentrionales, si souvent ravagées par la famine, prouveroit-il que les Samoïedes soient plus heureux que les Hollandais ? Depuis l'invention des armes à feu et le progrès de l'art militaire (23) quel état que celui de l'Eskimau ! A quoi doit-il son existence ? A la pitié des nations européennes. Qu'il s'éleve quelque démêlé entre elles et lui, le peuple sauvage est détruit. Est-ce un peuple heureux que celui dont l'existence est aussi incertaine?

Quand le Huron ou l'Iroquois seroit aussi ignorant que M. Rousseau le desire, je ne l'en croirois pas plus fortuné. C'est à ses lumieres, c'est à la sagesse de sa législation, qu'un peuple doit ses vertus, sa prospérité, sa population, et sa puissance. Dans quel moment les Russes devinrent-ils redoutables à l'Europe ? Lorsque le

czar les eut forcés de s'éclairer (24).
M. Rousseau, tome III, page 30 de l'*Émile*, veut absolument « que les « arts, les sciences, la philosophie, « et les habitudes qu'elle engendre, « changent bientôt l'Europe en dé-« sert (25), et qu'enfin les connois-« sances corrompent les mœurs ». Mais sur quoi fonde-t-il cette opinion? Pour soutenir de bonne foi ce paradoxe, il faut n'avoir jamais porté ses regards sur les empires de Constantinople, d'Ispahan, de Dehli, de Méquinès, enfin sur aucun de ces pays où l'ignorance est également encensée et dans les mosquées et dans les palais.

Que voit-on sur le trône ottoman? Un souverain dont le vaste empire n'est qu'une vaste lande, dont toutes les richesses et tous les sujets, rassemblés, pour ainsi dire, dans une capitale immense, ne présentent qu'un vain simulacre de puissance, et qui, maintenant sans force pour résister à l'attaque d'un seul des princes des chrétiens, échoueroit devant le rocher de Malte, et ne jouera peut-être plus de rôle en Europe.

Quel spectacle offre la Perse? Des habitants épars dans de vastes régions infestées de brigands, et vingt tyrans qui, le fer en main, se disputent des villes en cendres et des champs ravagés.

Qu'apperçoit-on dans l'Inde, dans ce climat le plus favorisé de la nature? Des peuples paresseux, avilis par l'esclavage, et qui, sans amour du bien public, sans élévation d'ame, sans discipline, sans courage, végetent sous le plus beau ciel du monde (26); des peuples enfin dont toute la puissance ne soutient pas l'effort d'une poignée d'Européens. Tel est, dans une grande partie de l'orient, l'état des peuples soumis à cette ignorance si vantée.

M. Rousseau croit-il réellement que les empires que je viens de citer soient plus peuplés que la France, l'Allemagne, l'Italie, la Hollande, etc. ? Croit-il les peuples ignorants de ces contrées plus vertueux et plus fortunés que la nation éclairée et libre de l'Angleterre ? Non, sans doute. Il ne peut ignorer des faits connus du petit-maître le plus superficiel, et de la caillette la plus dissipée.

CHAPITRE IX.

Quels motifs ont pu engager M. Rousseau à se faire l'apologiste de l'ignorance?

C'est à M. Rousseau à nous éclairer sur ce point. « Il n'est point, dit-il, « page 30, tome III de l'*Émile*, de « philosophe qui, venant à connoître « le vrai et le faux, ne préférât le « mensonge qu'il a trouvé à la vérité « découverte par un autre. Quel est, « ajoute-t-il, le philosophe qui, pour « sa gloire, ne tromperoit pas volon- « tiers le genre humain? »

M. Rousseau seroit-il ce philosophe (27)? Je ne me permets pas de le penser. Au reste, s'il croyoit qu'un mensonge ingénieux pût à jamais immortaliser le nom de son inventeur, il se tromperoit ; le vrai seul a des succès durables (a). Les lauriers dont l'erreur quelquefois se couronne n'ont qu'une verdure éphémere.

Qu'une ame vile, un esprit trop foible pour atteindre au vrai, avance sciemment un mensonge, il obéit à son instinct : mais qu'un philosophe puisse se faire l'apôtre d'une erreur qu'il ne prend pas pour la vérité même (b) ; j'en doute : et mon garant est irrécusable ; c'est le desir que tout auteur a de l'estime publique et de la gloire. M. Rousseau la cherche sans doute ; mais c'est en qualité d'orateur,

(a) J'en excepte cependant les mensonges religieux.

(b) L'homme, je le sais, n'aime point la vérité pour la vérité même. Il rapporte tout à son bonheur. Mais, s'il le place dans l'acquisition d'une estime publique et durable, il est évident, puisque cette

non de philosophe. Aussi de tous les hommes célebres est-il le seul qui se soit élevé contre la science (28). La méprise-t-il en lui ? manqueroit-il d'orgueil ? Non ; mais cet orgueil fut aveugle un moment. Sans doute qu'en se faisant l'apologiste de l'ignorance il s'est dit à lui-même :

« Les hommes en général sont pa-
« resseux, par conséquent ennemis
« de toute étude qui les force à l'at-
« tention.

« Les hommes sont vains, par con-
« séquent ennemis de tout esprit su-
« périeur.

espece d'estime est attachée à la découverte de la vérité, qu'il est, par la nature même de sa passion, forcé de n'aimer et de ne rechercher que le vrai. Un nom célebre qu'on doit à l'erreur est un prestige de gloire qui se détruit aux premiers rayons de la raison et de la vérité.

« Les hommes médiocres enfin ont « une haine secrete pour les savants « et pour les sciences. Que j'en per- « suade l'inutilité, je flatterai la va- « nité du stupide; je me rendrai cher « aux ignorants; je serai leur maître, « eux mes disciples; et mon nom, « consacré par leurs éloges, remplira « l'univers. Le moine lui-même se « déclarera pour moi (29). L'homme « ignorant et crédule est l'homme du « moine; la stupidité publique fait sa « grandeur. D'ailleurs, quel moment « plus favorable à mon projet? En « France, tout concourt à dépriser « les talents. Si j'en profite, mes « ouvrages deviennent célebres. »

Mais cette célébrité doit-elle être durable? L'auteur de l'*Émile* a-t-il pu se le promettre? Ignore-t-il qu'il s'opere une révolution sourde et perpétuelle dans l'esprit et le caractere des peuples, et qu'à la longue l'ignorance se décrédite elle-même (30)?

Quel moyen de faire long-temps illusion à l'Europe? L'expérience apprend à ses peuples que le génie, les lumieres, et les connoissances, sont les vraies sources de leur puissance, de leur prospérité, de leurs vertus; que leur foiblesse et le malheur est, au contraire, toujours l'effet d'un vice dans le gouvernement, par conséquent de quelque ignorance dans le législateur. Les hommes ne croiront donc jamais les sciences et les lumieres vraiment nuisibles.

Mais, dans le même siecle, on a vu quelquefois les arts et les sciences se perfectionner, et les mœurs se corrompre. J'en conviens, et je n'ignore pas avec quelle adresse l'ignorance, toujours envieuse, profite de ce fait pour imputer aux sciences une corruption de mœurs entièrement dépendante d'une autre cause.

CHAPITRE X.

Des causes de la décadence d'un empire.

L'INTRODUCTION et la perfection des arts et des sciences dans un empire n'en occasionnent pas la décadence. Mais les mêmes causes qui y accélerent le progrès des sciences y produisent quelquefois les effets les plus funestes.

Il est des nations où, par un singulier enchaînement de circonstances, le germe productif des arts et des sciences ne se développe qu'au moment même où les mœurs se corrompent. Un certain nombre d'hommes se rassemblent pour former une société ; ces hommes fondent une nouvelle ville ; leurs voisins la voient s'élever d'un œil jaloux : les habitants de cette ville, forcés d'être à-la-fois laboureurs et soldats, se servent tour-à-tour de la bêche et de l'épée. Quelles sont dans ce pays la science et la vertu de nécessité? La science militaire et la valeur ; elles y sont les seules honorées : toute autre science, toute autre vertu, y est inconnue. Tel fut l'état de Rome naissante, lorsque foible, lorsqu'environnée de peuples belliqueux, elle ne soutenoit qu'à peine leurs efforts.

Sa gloire, sa puissance, s'étendirent par toute la terre. Mais Rome acquit l'une et l'autre avec lenteur ; il lui fallut des siecles de triomphes pour s'asservir ses voisins. Or, ces voisins asservis, si les guerres civiles dûrent, par la forme de son gouvernement, succéder aux guerres étrangeres, comment imaginer que des citoyens engagés alors dans des partis différents en qualité de chefs ou de soldats, que des citoyens sans cesse agités de craintes ou d'espérances vives, pussent jouir du loisir et de la tranquillité qu'exige l'étude des sciences?

En tout pays où ces évènements s'enchaînent et se succedent, le seul instant favorable aux lettres est malheureusement celui où les guerres civiles, les troubles, les factions, s'éteignent; où la liberté expirante succombe, comme du temps d'Auguste, sous les efforts du despotisme (a). Cette

(a) Il en fut de même en France lorsque le cardinal de Richelieu eut désarmé le peuple, les grands, et se les fut asservis. Ce fut alors que les arts et les sciences y fleurirent.

époque précede de peu celle de la décadence d'un empire. Cependant les arts et les sciences y fleurissent. Il est deux causes de cet effet.

La premiere est la force des passions. Dans les premiers moments de l'esclavage, les esprits, encore vivifiés par le souvenir de leur liberté perdue, sont dans une agitation assez semblable à celle des eaux après la tourmente. Le citoyen brûle encore du desir de s'illustrer, mais sa position a changé : il ne peut élever son buste à côté de celui des Timoléon, des Pélopidas et des Brutus. Ce n'est plus à titre de destructeur des tyrans, de vengeur de la liberté, que son nom peut parvenir à la postérité : sa statue ne peut être placée qu'entre celles des Homere, des Épicure, des Archimede, etc. Il le sent; et s'il n'est plus qu'une sorte de gloire à laquelle il puisse prétendre, si les lauriers des muses sont les seuls dont il puisse se couronner, c'est dans l'arene des arts et des sciences qu'il descend pour les disputer, et c'est alors qu'il s'éleve des hommes illustres en tous les genres.

La seconde de ces causes est l'intérêt qu'ont alors les souverains d'encourager les progrès de ces mêmes sciences. Au moment où le despotisme s'établit, que desire le monarque ? d'inspirer l'amour des arts et des sciences à ses sujets. Que craint-il ? qu'ils ne portent les yeux sur leurs fers ; qu'ils ne rougissent de leur servitude, et ne tournent encore leurs regards vers la liberté. Il veut donc leur cacher leur avilissement ; il veut occuper leur esprit ; il leur présente à cet effet de nouveaux objets de gloire. Hypocrite amateur des sciences, il marque d'autant plus de considération à l'homme de génie qu'il a plus besoin de ses éloges.

Les mœurs d'une nation ne changent point au moment même de l'établissement du despotisme. L'esprit des citoyens est libre quelque temps après que leurs mains sont liées. Dans ces premiers instants, les hommes célebres conservent encore quelque crédit sur une nation. Le despote les comble donc de faveurs pour qu'ils le comblent de louanges ; et les grands talents se sont trop souvent prêtés à cet échange ; ils ont trop souvent été panégyristes de l'usurpation et de la tyrannie.

Quels motifs les y déterminent ? Quelquefois la bassesse, et souvent la reconnoissance. Il en faut convenir, toute grande révolution dans un empire en impose à l'imagination, et suppose dans celui qui l'opere quelque grande qualité, ou du moins quelque vice brillant que l'étonnement ou la reconnoissance peut métamorphoser en vertu (31).

Telle est, au moment de l'établissement du despotisme, la cause productrice des grands talents dans les sciences et les arts. Ce premier moment passé, si ce même pays devient stérile en hommes de cette espece (32), c'est que le despote, plus assuré sur son trône, n'a plus d'intérêt de les protéger. Aussi dans les états le regne des arts et des sciences ne s'étend guere au-delà d'un siecle ou deux. L'aloès est chez tous les peuples l'emblême de la production des sciences. Il emploie cent ans à fortifier ses racines, il se prépare cent ans à pousser sa tige; le siecle écoulé, il s'éleve, s'épanouit en fleurs, et meurt.

18.

Si dans chaque empire les sciences pareillement ne poussent, si je l'ose dire, qu'un jet, et disparoissent ensuite, c'est que les causes propres à produire des hommes de génie ne s'y développent communément qu'une fois. C'est au plus haut période de sa grandeur qu'une nation porte ordinairement les fruits de la science et des arts. Trois ou quatre générations d'hommes illustres se sont-elles écoulées? les peuples dans cet intervalle ont changé de mœurs; ils se sont façonnés à la servitude; leur ame a perdu son énergie; nulle passion forte ne la met en action; le despote n'excite plus le citoyen à la poursuite d'aucune espece de gloire: ce n'est plus le talent qu'il honore, c'est la bassesse; et le génie, s'il en est encore en ces pays, vit et meurt inconnu à sa propre patrie. C'est l'oranger qui fleurit, parfume l'air, et meurt dans un désert.

Le despotisme qui s'établit laisse tout dire, pourvu qu'on le laisse tout faire. Mais le despotisme affermi défend de parler, de penser et d'écrire. Alors les esprits tombent dans l'apathie. Le génie enchaîné y traîne pesamment ses fers; il ne vole plus, il rampe; les sciences sont négligées; l'ignorance est en honneur (33), et tout homme de sens déclaré ennemi de l'état. Dans un royaume d'aveugles quel citoyen seroit le plus odieux? Le clairvoyant. Dans l'empire de l'ignorance le même sort attend le citoyen éclairé. La presse en est d'autant plus gênée que les vues du ministre sont plus courtes. Sous le regne d'un Antonin on ose tout dire, tout penser, tout écrire, et l'on se tait sous les autres regnes.

L'esprit du prince s'annonce toujours par l'estime et la considération qu'il marque aux talents (a). Les arts et les sciences sont la gloire d'une nation; ils ajoutent à son bonheur. C'est donc au seul despotisme, intéressé d'abord à les protéger, et non aux sciences mêmes, qu'il faut attribuer la décadence des empires. Le souverain d'une nation puissante a-t-il ceint la couronne du pouvoir arbitraire? cette nation s'affoiblit de jour en jour.

La pompe d'une cour orientale peut sans doute en imposer au vulgaire; il peut croire la force de l'em-

(a) De trois choses, disoit Matthias, roi de Hongrie, que doit se proposer un prince, la premiere est d'être juste; la seconde, de vaincre ses ennemis; la troisieme, de récompenser les lettres, et d'honorer les hommes célebres.

pire égale à la magnificence de ses palais : le sage en juge autrement. C'est sur cette même magnificence qu'il en mesure la foiblesse. Il ne voit dans le luxe imposant au milieu duquel est assis le despote, que la superbe, la riche et la funebre décoration de la mort ; qu'un catafalque fastueux, au centre duquel est un cadavre froid et sans vie, une cendre inanimée, enfin un fantôme de puissance prêt à disparoître devant l'ennemi qui la méprise. Une grande nation où s'est enfin établi le pouvoir despotique est comparable au chêne que les siecles couronnent. Son tronc majestueux, la grosseur de ses branches, annoncent encore quelle fut sa force et sa grandeur premiere ; il semble être encore le monarque des forêts : mais son véritable état est celui de dépérissement ; ses branches dépouillées de feuilles, privées de l'esprit de vie, et demi-pourries, sont chaque année brisées par les vents.

CHAPITRE XI.

La culture des arts et des sciences dans un empire despotique en retarde la ruine.

C'EST au moment que le despotisme, entièrement affermi, réduit, comme je l'ai dit, les peuples en esclavage, c'est lorsqu'il éteint en eux tout amour de la gloire, qu'il étend par-tout les ténebres de l'ignorance, qu'un empire se précipite à sa ruine (34). Cependant si, comme l'observe M. Saurin, l'étude des sciences et la douceur des mœurs qu'elles inspirent temperent quelque temps la violence du pouvoir arbitraire, les sciences loin de hâter retardent donc la chûte des états.

La digue des sciences, il est vrai, ne soutient pas long-temps l'effort d'un pouvoir à qui tout cede, et qui détruit et les trônes les plus solides et les empires les plus puissants: mais du moins n'y peut-on imputer aux sciences la corruption des mœurs. Les sciences n'engendrent point les malheurs publics, proportionnés dans chaque état à l'accroissement du pouvoir arbitraire. Par quelle raison en effet les arts et les sciences corromproient-ils les mœurs (35) et énerveroient-ils le courage ? Qu'est-ce qu'une science ? C'est un recueil d'observations faites, si c'est en mécanique, sur la maniere d'employer les forces mouvantes ; si c'est en géométrie, sur le rapport des grandeurs entre elles ; si c'est en chirurgie, sur l'art de panser et de guérir les plaies; si c'est enfin en législation, sur les moyens les plus propres à rendre les hommes heureux et vertueux. Pourquoi ces divers recueils d'observations en énerveroient-ils le courage? Ce fut la science de la discipline qui soumit l'univers aux Romains: ce fut donc en qualité de savants qu'ils domterent les nations. Aussi, lorsque, pour s'attacher la milice et s'en assurer la protection, la tyrannie eut été contrainte d'adoucir la sévérité de la discipline militaire, lorsqu'enfin la science en fut presque entièrement perdue, ce fut alors que, vaincus à leur tour, les vainqueurs du monde subirent, en qualité d'ignorants, le joug des peuples du nord.

On forgeoit à Sparte des casques, des cuirasses, des épées bien trempées. Cet art en suppose une infinité d'autres (a) ; et les Spartiates n'en

(a) Les arts de luxe, dit-on, énervent le courage. Mais qui leur ferme l'entrée d'un état? est-ce l'ignorance? Non, c'est la pauvreté, ou le partage à-peu-près égal des richesses nationales. A Sparte, quel citoyen eût acheté une boîte émaillée? Le trésor public n'eût pas suffi pour la payer. Nul bijoutier ne se fût donc point établi à Lacédémone; il y fût mort de faim. Ce n'est point l'ouvrier de luxe qui vient corrompre les mœurs d'un peuple, mais la corruption des mœurs de ce peuple qui appelle à lui l'ouvrier du luxe. En tout genre de commerce, c'est la demande qui précede l'offre.

D'ailleurs, si le luxe, comme je l'ai déja dit, est l'effet du partage trop inégal des richesses nationales, il est évident que les sciences, n'ayant aucune part à cet inégal partage, ne peuvent être regardées comme la cause du luxe. Les

étoient pas moins vaillants. César, Cassius et Brutus, étoient éloquents, savants et braves. L'on exerçoit à-la-fois en Grece et son esprit et son corps. La mollesse est fille de la richesse et non des sciences. Lorsqu'Homere versifioit l'Iliade, il avoit pour contemporains les graveurs du bouclier d'Achille. Les arts avoient donc alors atteint en Grece un certain degré de perfection, et cependant l'on s'y exerçoit encore aux combats du ceste et de la lutte.

savants sont peu riches : c'est chez l'homme d'affaire et non chez eux que la magnificence éclate. Si les arts de luxe ont quelquefois fleuri dans une nation au même instant que les lettres, c'est que l'époque où les sciences y ont été cultivées est quelquefois celle où les richesses s'y trouvent accumulées dans un petit nombre de mains.

En France, ce ne sont point les sciences qui rendent la plupart des officiers incapables des fatigues de la guerre, mais la mollesse de leur éducation. Qu'on refuse du service à quiconque ne peut faire certaines marches, soulever certains poids et supporter certaines fatigues, le desir d'obtenir des emplois militaires arrachera les Français à la mollesse : ils voudront être hommes : leurs mœurs et leur éducation changeront. L'ignorance produit l'imperfection des lois ; et leur imperfection les vices des peuples ; les lumieres produisent l'effet contraire. Aussi n'a-t-on jamais compté parmi les corrupteurs des mœurs ce Lycurgue, ce sage qui parcourut tant de contrées pour puiser dans les entretiens des philosophes les connoissances qu'exigeoit l'heureuse réforme des lois de son pays.

Mais, dira-t-on, ce fut dans l'acquisition même de ces connoissances qu'il puisa son mépris pour elles. Et qui croira jamais qu'un législateur qui se donna tant de peines pour rassembler les ouvrages d'Homere, et qui fit élever la statue du Rire dans la place publique, ait réellement méprisé les sciences? Les Spartiates, ainsi que les Athéniens, furent les peuples les plus éclairés et les plus illustres de la Grece. Quel rôle y jouerent les ignorants Thébains jusqu'au moment qu'Epaminondas les eut arrachés à leur stupidité?

Détaillons les malheurs où l'ignorance plonge les nations; on en sentira plus fortement l'importance d'une bonne éducation; j'inspirerai plus de desir de la perfectionner.

NOTES.

(1) M. Rousseau, liv. IV, t. II de son *Émile*, après avoir dit un mot de l'origine des passions, ajoute : « Sur ce « principe, il est aisé de voir comment « on peut diriger au bien ou au mal « toutes les passions des enfants et des « hommes ». Mais, s'il est possible de diriger au bien ou au mal les passions des enfants, il est donc possible de changer leur caractere.

(2) « La voix intérieure de la vertu, « dit M. Rousseau, ne se fait point en- « tendre aux pauvres ». Cet auteur range apparemment les incrédules dans la classe des pauvres, lorsqu'il ajoute, page 207, tome III de l'*Émile :* « Un incrédule sou- « haite que tout l'univers soit dans la « misere, pour s'épargner la moindre « peine, et se procurer le moindre plai- « sir ». M. Rousseau est incrédule, et je

ne l'accuse pas d'un pareil souhait. M. de Voltaire n'est pas bigot, et c'est cependant lui qui prit en main la défense de l'innocente famille des Calas, qui leur ouvrit sa bourse, qui sacrifia en sollicitations un temps pour lui toujours si précieux, et qui protégea seul la veuve et les orphelins opprimés, lorsque l'église et les magistrats les abandonnoient. M. Rousseau n'auroit-il voulu dire autre chose sinon que l'incrédule s'aime de préférence aux autres? Ce sentiment est commun au dévot comme à l'incrédule. Point de saint qui voulût être damné pour son voisin. Quand S. Paul a souhaité d'être anathême pour ses freres, ne s'est-il point exagéré la noblesse de ce sentiment, et ne lui falloit-il pas quinze jours de résidence en enfer pour s'assurer de sa vérité?

(5) « Tant que la sensibilité de l'homme « (*Émile*, liv. IV, tom. II) reste bornée « à son individu, il n'y a rien de moral « dans ses actions. Ce n'est que quand

« elle commence à s'étendre hors de lui « qu'il prend d'abord ces sentiments, « et ensuite ces notions du bien et du « mal, qui le constituent véritablement « homme ». Ce texte prouve l'ingénuité avec laquelle M. Rousseau se réfute lui-même.

(4) « Juger, dit M. Rousseau, n'est « pas sentir». La preuve de son opinion, « c'est qu'il est en nous une faculté ou « force qui nous fait comparer les objets. « Or, dit-il, cette force ne peut être « l'effet de la sensibilité physique ». Si M. Rousseau eût plus approfondi cette question, il eût reconnu que cette force n'étoit autre chose que l'intérêt même que nous avons de comparer les objets entre eux, et que cet intérêt prend sa source dans le sentiment de l'amour de soi; effet immédiat de la *sensibilité physique*.

(5) L'imagination des peuples du nord n'est pas moins vive que celle des peuples du midi. Compare-t-on les poésies d'Ossian

à celles d'Homere? lit-on les poëmes de Milton, de Fingal, les poésies erses, etc.? on n'apperçoit pas moins de force dans les tableaux des poëtes du nord que dans ceux des poëtes du midi. Aussi le sublime traducteur des poésies d'Ossian, après avoir démontré dans une excellente dissertation que les grandes et mâles beautés de la poésie appartiennent à tous les peuples, observe à ce sujet que les compositions de cette espece ne supposent qu'un certain degré de police dans une nation. Ce n'est point, ajoute-t-il, le climat, mais les mœurs du siecle, qui donnent un caractere fort et sublime à la poésie. Celle d'Ossian en est la preuve.

(6) Si l'homme est quelquefois méchant, c'est lorsqu'il a intérêt de l'être; c'est lorsque les lois, qui, par la crainte de la punition et l'espoir de la récompense, devroient le porter à la vertu, le portent au contraire au vice. Tel est l'homme dans les pays despotiques, c'est-

à-dire dans ceux de la flatterie, de la bassesse, de la bigoterie, de l'espionnage, de la paresse, de l'hypocrisie, du mensonge, de la trahison, etc.

(7) Ce n'est point le sentiment du beau moral qui fait travailler l'ouvrier, mais la promesse de vingt-quatre sous pour boire. Qu'un homme soit infirme, qu'il doive la prolongation de sa vie aux soins assidus de ses domestiques, que doit-il faire pour s'assurer la continuité de ces mêmes soins? faut-il qu'il prêche le beau moral? Non, mais qu'il leur déclare que, n'étant point sur son testament, il récompensera leur zele de son vivant, en leur comptant chaque année de sa vie telle gratification honnête et graduelle. Qu'il tienne parole, il sera bien servi, et l'eût été mal s'il n'en eût appelé qu'à leur sens du beau moral.

Point d'objets sur lesquels on ne pût donner de pareilles recettes, qui, tirées du principe de l'intérêt personnel, seroient tout autrement efficaces que des recettes extraites ou de la métaphysique théologique, ou de la métaphysique alambiquée du shaftesburysme.

(8) On écrase sans pitié une mouche, une araignée, un insecte, et l'on ne voit pas sans peine égorger un bœuf. Pourquoi? C'est que, dans un grand animal, l'effusion du sang, les convulsions de la souffrance, rappellent à la mémoire un sentiment de douleur que n'y rappelle point l'écrasement d'un insecte.

(9) Deux nations ont-elles intérêt de s'unir? elles font entre elles un traité de bonté et d'humanité réciproques. Que l'une des deux nations ne trouve plus d'avantage à ce traité, elle le rompt. Voilà l'homme. L'intérêt détermine sa haine ou son amour. L'humanité n'est point essentielle à sa nature. Qu'entend-on en effet par ce mot *essentiel?* Ce sans quoi une chose n'existe pas. Or, en ce sens, la sensibilité physique est la seule qualité essentielle à la nature de l'homme.

(10) On frémit au spectacle de l'assassin qu'on roue. Pourquoi? C'est que son supplice rappelle à notre souvenir la mort et la douleur auxquelles la nature nous a condamnés. Mais pourquoi les bourreaux et les chirurgiens sont-ils impitoyables ? C'est qu'habitués ou de torturer un coupable ou d'opérer sur un malade sans éprouver eux-mêmes de douleur, ils deviennent insensibles à ses cris. N'apperçoit-on plus dans les souffrances d'autrui celles auxquelles on est soi-même sujet ? on devient dur.

(11) Le besoin d'être plaint dans ses malheurs, aidé dans ses entreprises; le besoin de fortune, de conversation, de plaisirs, etc., produit dans tous le sentiment de l'amitié. Elle n'est donc pas toujours fondée sur la vertu. Aussi les méchants sont-ils, comme les bons, susceptibles d'amitié, et non d'humanité. Les bons seuls éprouvent ce sentiment de compassion et de tendresse éclairée, qui, réunissant l'homme à l'homme,

le rend l'ami de tous ses concitoyens Ce sentiment n'est éprouvé que du vertueux.

(12) Que d'arrêts et d'édits cruels prouvent contre la prétendue bonté naturelle de l'homme!

(13) On voit des enfants enduire de cire chaude des hannetons, des cerfs-volants, les habiller en soldats, et prolonger ainsi leur mort pendant deux ou trois mois. En vain dira-t-on que ces enfants ne réfléchissent point aux douleurs qu'éprouvent ces insectes. Si le sentiment de la compassion leur étoit aussi naturel que celui de la crainte, il les avertiroit des souffrances de l'insecte, comme la crainte les avertit du danger à la rencontre d'un animal furieux.

(14) Le despotisme de la Chine est, dit-on, fort modéré. L'abondance de ses récoltes en est la preuve. En Chine, comme par-tout ailleurs, on sait que, pour féconder la terre, il ne suffit pas de faire de bons livres d'agriculture,

qu'il faut encore que nulle loi ne s'oppose à la bonne culture. Aussi les impôts à la Chine, dit à ce sujet M. Poivre, ne sont portés sur les terres médiocres qu'au trentieme du produit. Les Chinois jouissent donc presque en entier de la propriété de leurs biens. Leur gouvernement à cet égard est donc bon. Mais jouit-on pareillement à la Chine de la propriété de sa personne ? L'habituelle et prodigieuse distribution qui s'y fait de coups de bambous prouve le contraire. C'est l'arbitraire des punitions qui sans doute y avilit les ames, et fait de presque tout Chinois un négociant frippon, un soldat poltron, un citoyen sans honneur.

(15) M. de Montesquieu compare le despotisme oriental à l'arbre abattu par le sauvage pour en cueillir les fruits. Un simple fait rapporté dans le journal intitulé *État politique de l'Angleterre* donnera peut-être du despotisme une idée encore plus effrayante.

« Les Anglais, dit le journaliste, in-
« vestis dans le fort Guillaume par les
« troupes du suba ou vice-roi de Ben-
« gale, sont faits prisonniers. Enfermés
« dans le cachot noir de Collicotta, ils
« y sont, au nombre de cent quarante-
« six, entassés dans un espace de dix-
« huit pieds quarrés. Ces malheureux,
« dans un des climats les plus chauds
« de l'univers, et dans la saison la plus
« chaude de ce climat, ne reçoivent
« d'air que par une fenêtre en partie
« bouchée par la largeur des barreaux.
« A peine y sont-ils entrés qu'ils sont
« trempés de sueur et dévorés de soif.
« Ils étouffent, poussent des cris af-
« freux, demandent qu'on les transporte
« dans une plus grande prison. On est
« sourd à leurs plaintes. Ils veulent met-
« tre en mouvement l'air qui les en-
« vironne; ils se servent à cet effet de
« leurs chapeaux; ressource impuissante.
« Ils tombent en défaillance, et meurent.
« Ce qui survit boit sa sueur, redemande

« de l'air, veut qu'on les partage en « deux cachots. Ils s'adressent à cet effet « au jemman-daar, un des gardes de la « prison. Le cœur du garde s'ouvre à « la pitié et à l'avarice. Il consent, pour « une grosse somme, d'avertir le suba « de leur état. A son retour, les Anglais « vivants crient, du milieu des cadavres, « qu'on leur rende l'air, qu'on ouvre « le cachot. *Malheureux*, dit le garde, « *achevez de mourir; le suba repose.* « *Quel esclave oseroit interrompre* « *son sommeil* »? Tel est le despotisme.

(16) M. Rousseau ne veut pas qu'on châtie les enfants. Mais, selon lui-même, pour que les enfants soient attentifs, il faut qu'ils aient intérêt de l'être. N'ont-ils point encore atteint l'âge de l'émulation? il n'est alors que deux moyens d'exciter en eux cet intérêt : l'un est l'espoir d'un bonbon ou d'un joujou (l'amusement et la gourmandise sont les seules passions de l'enfance); l'autre est la crainte du

châtiment. Le premier moyen suffit-il? il mérite la préférence. Ne suffit-il pas? c'est au châtiment qu'il faut avoir recours. La crainte est toujours efficacement employée. L'enfant craint encore plus la douleur qu'il n'aime un bonbon. Le châtiment est-il sévere? est-il justement infligé? on est rarement obligé d'y revenir. Mais c'est répandre sur l'aube de la vie les images du chagrin. Non; ce chagrin est aussi court que la punition. L'instant d'après, l'enfant châtié saute, joue avec ses camarades; et, s'il se souvient du fouet, c'est dans ces moments calmes et consacrés à l'étude où ce souvenir soutient son application.

Qu'on perfectionne d'ailleurs les méthodes encore trop imparfaites d'enseigner; qu'on les simplifie: l'étude devenue plus facile, l'éleve sera moins exposé au châtiment. L'enfant apprendra l'italien ou l'allemand avec la même facilité que sa propre langue, si, toujours entouré d'Italiens ou d'Allemands, il ne peut demander qu'en ces langues les choses qui lui sont agréables.

(17) Avec l'âge, on gagne en connoissances, en expérience; mais on perd en activité et en fermeté. Or, dans l'administration des affaires civiles et militaires, lesquelles de ces qualités sont les plus nécessaires ? Les dernieres. C'est toujours trop tard, dit à ce sujet Machiavel, qu'on éleve les hommes aux places importantes. Presque toutes les grandes actions des siecles présents et passés ont été exécutées avant l'âge de trente ans. Les Annibal, les Alexandre, etc., en sont la preuve. L'homme qui doit se rendre illustre, dit Philippe de Commines, l'est toujours de bonne heure. Ce n'est point dans le moment qu'affoibli par l'âge, qu'alors insensible aux charmes de la louange, et indifférent à la considération, compagne de la gloire, qu'on fait des efforts pour la mériter.

(18) Dans les grands, romans, c'est

toujours avant leur mariage que les héros combattent les monstres, les géants, et les enchanteurs. Un sentiment sûr et sourd avertit le romancier que, les desirs de son héros une fois satisfaits, il n'a plus en lui de principe d'action. Aussi tous les auteurs de ce genre nous assurent qu'après les noces du prince et de la princesse, tous deux vécurent heureux, mais en paix.

(19) L'instruction, toujours utile, nous fait ce que nous sommes. Les savants sont nos instituteurs. Notre mépris pour les livres est donc toujours un mépris de mauvaise foi. Sans livres nous serions encore ce que sont les sauvages.

Pourquoi la femme du serrail n'a-t-elle pas l'esprit des femmes de Paris? C'est qu'il en est des idées comme des langues: on parle celle de ceux qui nous entourent. L'esclave de l'orient ne soupçonne pas la fierté du caractere romain. Il n'a point lu Tite-Live; il n'a d'idées ni de la liberté, ni d'un gouvernement républicain. Tout est en nous acquisition et éducation.

(20) La connoissance et la méfiance des hommes sont, dit-on, inséparables. L'homme n'est donc pas aussi bon que le prétend Julie.

(21) Moins on a de lumieres, plus on devient personnel. J'entends une petite-maîtresse pousser les hauts cris. Quelle en est la cause? Est-ce le mauvais choix d'un général, ou l'enregistrement d'un édit onéreux au peuple? Non; c'est la mort de son chat ou de son oiseau. Plus on est ignorant, moins on apperçoit de rapport entre le bonheur national et le sien.

(22) Chez certains sauvages, l'ivresse attire le respect. Qui se dit ivre est déclaré prophete; et, comme ceux des Juifs, il peut impunément assassiner.

(23) Un peuple est-il heureux? pour continuer de l'être que faut-il? Que les nations voisines ne puissent l'asservir. Pour cet effet, ce peuple doit être exercé

aux armes ; il doit être bien gouverné, avoir d'habiles généraux, d'excellents amiraux, de sages administrateurs de ses finances, enfin une excellente législation. Ce n'est donc jamais de bonne foi qu'on se fait l'apologiste de l'ignorance. M. Rousseau sent bien que c'est à l'imbécillité commune à tous les sultans qu'il faut rapporter presque tous les malheurs du despotisme.

(24) Quelques officiers adoptent en France l'opinion de M. Rousseau ; ils veulent des soldats automates. Cependant jamais Turenne ni Condé ne se sont plaints du trop d'esprit des leurs. Des soldats grecs et romains, citoyens au retour de la campagne, étoient nécessairement plus instruits, plus éclairés, que les soldats de nos jours ; et les armées grecques et romaines valoient bien les nôtres.

(25) De toutes les parties de l'Asie, la plus savante est la Chine, et c'est aussi la mieux cultivée et la plus habitée.

Quelques érudits veulent que l'ignorante et barbare Europe ait été jadis plus peuplée qu'elle ne l'est aujourd'hui. Ma réponse à leurs nombreuses citations, c'est que dix arpents en froment nourrissent plus d'hommes que cent arpents en bruyeres, pâtures, etc. ; c'est que l'Europe étoit autrefois couverte d'immenses forêts, et que les Germains se nourrissoient du produit de leurs bestiaux. César et Tacite l'assurent, et leur témoignage décide la question. Un peuple pasteur ne peut être nombreux. L'Europe civilisée est donc nécessairement plus peuplée que ne l'étoit l'Europe barbare et sauvage. S'en rapporter là-dessus à des historiens, souvent menteurs ou mal instruits, lorsqu'on a en main des preuves évidentes de leur mensonge, c'est folie. Un pays sans agriculture ne peut sans un miracle nourrir un grand nombre d'habitants : or les miracles sont plus rares que les mensonges.

(26) Les Indiens n'ont nulle force de

caractere; ils n'ont que l'esprit de commerce. Il est vrai que la nature a tout fait pour eux. C'est elle qui couvre leur sol de ces denrées précieuses que l'Europe y vient acheter. Les Indiens, en conséquence, sont riches et paresseux. Ils aiment l'argent, et n'ont pas le courage de le défendre. Leur ignorance dans l'art militaire et dans la science du gouvernement les rendra long-temps vils et méprisables.

(27) Il n'est point de proposition, soit morale, soit politique, que M. Rousseau n'adopte et ne rejette tour-à-tour. Tant de contradictions ont fait quelquefois suspecter sa bonne foi. Il assure, par exemple, tome III, page 152, dans une note de l'*Émile*, « que c'est au christianisme « que les gouvernements modernes doi« vent leur plus solide autorité, et leurs « révolutions moins fréquentes; que le « christianisme a rendu les princes moins « sanguinaires; que c'est une vérité prou« vée par le fait. »

Il dit (*Contrat social*, chap. VIII) « qu'au moins le paganisme n'allumoit « point de guerres de religion; que Jé« sus, en établissant un royaume spiri« tuel sur la terre, sépara le systême « théologique du systême politique; que « l'état alors cessa d'être un; qu'on y « vit naître des divisions intestines qui « n'ont jamais cessé d'agiter le peuple « chrétien; que le prétendu royaume « de l'autre monde est devenu, sous un « chef visible, le plus violent despotisme « dans celui-ci; que de la double puis« sance spirituelle et temporelle a ré« sulté un conflit de jurisdiction qui rend « toute bonne politique impossible dans « les états papistes; qu'on n'y sait jamais « auquel du prêtre ou du maître on doit « obéir; que la loi chrétienne est nuisible « à la forte constitution de l'état; que le « christianisme est si évidemment mau« vais, que c'est perdre le temps que de « s'amuser à le démontrer. »

Or, en deux ouvrages donnés presque

en même temps au public, comment imaginer que le même homme puisse être si contraire à lui-même, et qu'il soutienne de bonne foi deux propositions aussi contradictoires ?

(28) Conséquemment à la haine de M. Rousseau pour les sciences, j'ai vu des prêtres se flatter de sa prochaine conversion. Pourquoi, disoient-ils, désespérer de son salut? il protege l'ignorance, il hait les philosophes, il ne peut souffrir un bon raisonneur.

Si Jean-Jacques étoit saint que feroit-il de plus ?

(29) Tous les dévots sont ennemis de la science. Sous Louis XIV, ils donnoient le nom de jansénistes aux savants qu'ils vouloient perdre. Ils y ont depuis substitué le nom d'encyclopédistes. Cette expression n'a maintenant en France aucun sens déterminé. C'est un mot prétendu injurieux dont les sots se servent pour diffamer quiconque a plus d'esprit qu'eux.

(30) Le despotisme, ce cruel fléau de l'humanité, est le plus souvent une production de la stupidité nationale. Tout peuple commence par être libre. A quelle cause attribuer la perte de sa liberté? A son ignorance, à sa folle confiance en des ambitieux. L'ambitieux et le peuple, c'est la fille et le lion de la fable. A-t-elle persuadé à cet animal de se laisser couper les griffes et limer les dents, elle le livre aux mâtins.

(31) Les gens de lettres sont hommes comme les courtisans: ils ont donc souvent flatté le puissant injuste. Cependant il est entre eux une différence remarquable. Les gens de lettres ayant toujours été protégés par les princes de quelque mérite, ils n'ont pu qu'en exagérer les vertus. Ils ont trop loué Auguste. Mais les courtisans ont loué Néron et Caracalla.

(32) Le mérite ne conduit-il plus aux honneurs? il est méprisé. Et, pour comparer les petites choses aux grandes, il

en est d'un empire comme d'un college. Les prix et les premieres places sont-ils pour les favoris du régent? plus d'émulation parmi les éleves; les études tombent. Or, ce qui se fait en petit dans les écoles s'opere en grand dans les empires; et lorsque la faveur seule y dispose des places, la nation est alors sans énergie, les grands hommes en disparoissent.

(33) En orient, les meilleurs titres à la grande fortune sont la bassesse et l'ignorance. Une place importante vient-elle à vaquer ? le despote passe dans l'antichambre. N'ai-je pas ici, dit-il, quelque valet dont je puisse faire un visir? Tous les esclaves se présentent. Le plus vil obtient la place. Faut-il ensuite s'étonner si les actions du visir répondent à la maniere dont il est choisi?

(34) Les Romains ni les Français n'avoient encore rien perdu de leur courage au temps d'Auguste et de Louis XIV.

(35) M. Rousseau, trop souvent panégyriste de l'ignorance, dit, en je ne sais

quel endroit de ses ouvrages : « La nature « a voulu préserver les hommes de la « science ; et la peine qu'ils trouvent à « s'instruire n'est pas le moindre de ses « bienfaits ». Mais, lui répond un nommé M. Gautier, ne pourroit-on pas dire également, « Peuples, sachez que la na- « ture ne veut pas que vous vous nour- « rissiez de grains de la terre ? La peine « qu'elle attache à sa culture vous an- « nonce qu'il faut la laisser en friche ». Cette réponse n'est pas du goût de M. Rousseau ; et, dans une lettre écrite à M. Grimm, « Ce M. Gautier, dit-il, « n'a pas songé qu'avec peu de travail « on est sûr de faire du pain, et qu'avec « beaucoup d'étude il est douteux qu'on « parvienne à faire un homme raison- « nable ». Je ne suis pas, à mon tour, trop content de la réponse de M. Rousseau. Est-il, premièrement, bien vrai que dans une île inconnue l'on parvienne si facilement à faire du pain ? Avant de faire cuire le grain il faudroit le semer ; avant de semer il faudroit dessécher les marécages, abattre les forêts, défricher la terre; et ce défrichement ne se feroit pas sans peine. Dans les contrées même où la terre est le mieux cultivée, que de soins sa culture n'exige-t-elle pas du laboureur! c'est le travail de toute son année. Mais ne fallût-il que l'ouvrir pour la féconder, son ouverture suppose l'invention du soc, de la charrue, celle des forges, par conséquent une infinité de connoissances dans les mines, dans l'art de construire des fourneaux, dans les méchaniques, dans l'hydraulique, enfin dans presque toutes les sciences dont M. Rousseau veut préserver l'homme. On ne parvient donc pas à faire du pain sans quelque peine et quelque industrie.

« Un homme raisonnable, dit M. Rousseau, est encore plus difficile à faire. « Avec beaucoup d'étude on n'est pas « toujours sûr d'y parvenir ». Mais est-on toujours sûr d'une bonne récolte?

Le pénible labour de l'automne assure-t-il l'abondante moisson de l'été? Au reste, qu'il soit difficile ou non de former un homme raisonnable, le fait est qu'il ne le devient que par l'instruction. Qu'est-ce qu'un homme raisonnable? Celui dont les jugements sont en général toujours justes. Or, pour bien juger des progrès d'une maladie, de l'excellence d'une piece de théâtre, et de la beauté d'une statue, que faut-il avoir préliminairement étudié? Les sciences et les arts de la médecine, de la poésie, et de la sculpture. M. Rousseau n'entend-il par ce mot *raisonnable* que l'homme d'une conduite sage? Mais une telle conduite suppose quelquefois une connoissance profonde du cœur humain; et cette connoissance en vaut bien une autre. Lorsque l'auteur de l'*Émile* décrie l'instruction, c'est, dira-t-il, qu'il a vu quelquefois l'homme éclairé se conduire mal. Cela se peut. Les desirs d'un tel homme sont souvent contraires à ses lumieres. Il peut agir mal, et voir bien. Cependant cet homme (et M. Rousseau n'en peut disconvenir) n'a du moins en lui qu'une cause de mauvaise conduite ; ce sont ses passions criminelles. L'ignorance, au contraire, en a deux ; l'une sont ces mêmes passions ; l'autre est l'ignorance de ce que l'homme doit à l'homme, c'est-à-dire de ses devoirs envers la société. Ces devoirs sont plus étendus qu'on ne pense. L'instruction est donc toujours utile.

FIN DU TOME NEUVIEME.

www.ingramcontent.com/pod-product-compliance
Ingram Content Group UK Ltd.
Pitfield, Milton Keynes, MK11 3LW, UK
UKHW021046220726
13924UKWH00005B/2040